Escucha con el corazón

A pesar de haber puesto el máximo cuidado en la redacción de esta obra, el autor o el editor no pueden en modo alguno responsabilizarse por las informaciones (fórmulas, recetas, técnicas, etc.) vertidas en el texto. Se aconseja, en el caso de problemas específicos —a menudo únicos— de cada lector en particular, que se consulte con una persona cualificada para obtener las informaciones más completas, más exactas y lo más actualizadas posible. EDITORIAL DE VECCHI, S. A. U.

© Editorial De Vecchi, S. A. 2018
© [2018] Confidential Concepts International Ltd., Ireland
Subsidiary company of Confidential Concepts Inc, USA
ISBN: 978-1-68325-835-3

El Código Penal vigente dispone: «Será castigado con la pena de prisión de seis meses a dos años o de multa de seis a veinticuatro meses quien, con ánimo de lucro y en perjuicio de tercero, reproduzca, plagie, distribuya o comunique públicamente, en todo o en parte, una obra literaria, artística o científica, o su transformación, interpretación o ejecución artística fijada en cualquier tipo de soporte o comunicada a través de cualquier medio, sin la autorización de los titulares de los correspondientes derechos de propiedad intelectual o de sus cesionarios. La misma pena se impondrá a quien intencionadamente importe, exporte o almacene ejemplares de dichas obras o producciones o ejecuciones sin la referida autorización». (Artículo 270)

Carla Curina Cucchi – Maurizio Grassi

ESCUCHA CON EL CORAZÓN

Índice

INTRODUCCIÓN	9
EL MAPA NO ES EL TERRITORIO: UNA NUEVA COMUNICACIÓN ...	11
La programación neurolingüística: el lenguaje representa la realidad	12
Cómo percibimos el mundo	12
Nuestro inconsciente lo ve todo	14
Sintonicémonos en los canales de la comunicación	16
Canal visual	16
Canal auditivo	16
Canal cinestésico	17
Existe también el diálogo interno	17
Lo importante es sintonizarse con la persona que nos escucha	18
Los movimientos de los ojos y cómo interpretarlos	22
Ojos mirando hacia arriba y hacia la derecha	23
Ojos mirando hacia arriba y hacia la izquierda	24
Ojos mirando hacia la derecha a nivel horizontal	25
Ojos mirando hacia la izquierda a nivel horizontal	26
Ojos mirando hacia abajo y hacia la derecha	27
Ojos mirando hacia abajo y hacia la izquierda	28
Los secretos para mantener un diálogo con éxito	31
La conversación óptima se obtiene con la sincronía	33
SABER LEER EL LENGUAJE DEL CUERPO	37
El área del contenido la definen las palabras	38
El área de la relación la define el cuerpo	38
Las posibilidades infinitas de nuestro cerebro	39
El lenguaje de las manos	41

Saber cuándo nuestro interlocutor miente 43
    Los gestos 43
    Los movimientos del cuerpo 44
    Las microexpresiones 44
Construir una escala de credibilidad 44
    Señales automáticas 46
    Señales de las piernas y de los pies 46
    Señales del tronco 46
    Las expresiones de la cara 47
La mirada dice la verdad 48
    La mirada 48
    Las pupilas 48
El lenguaje de la voz 49
    El tono 50
    La melodía 50
    La velocidad 50
    Las pausas 51
    El volumen 51

EL LENGUAJE REFLEJA LA MENTE HUMANA 53
Los filtros del lenguaje para pasar de la estructura
    profunda a la estructura superficial 53
    La generalización 55
    La cancelación 55
    La distorsión 56
Los modelos secretos de la comunicación:
    aprendamos a conocerlos 57
    Reunir más informaciones 59
    Ampliar los límites, eliminar los prejuicios
    y las preferencias 63
    Cambiar los significados, no dar nunca nada
    por descontado 66
    Conclusión 70

EMOCIONES: CONOCERLAS PARA UTILIZARLAS 71
Nuestras emociones tienen una mente 72
    La mente emocional es más rápida 74
    ... Más superficial e independiente 74
    ... Y no olvida 75
Las emociones influyen en las acciones 76
    Un ejemplo compartido: el miedo 76

Emociones primarias: son las mismas
en todo el género humano 77
Emociones secundarias: estados de ánimo,
pensamientos, sentimientos 78
Cómo la programación neurolingüística puede cambiar
la calidad de nuestras experiencias 78
Cambie el marco temporal: libérese de la ansiedad 79
Cambie los términos de la cuestión para mejorar
las emociones 81
Aproveche las emociones en términos positivos 81
Cambie la intensidad de su estado de ánimo 82
Valore las semejanzas y las diferencias 84
Descubra la lógica de las emociones 84

LA IMPORTANCIA DE ESCUCHAR CON EL CORAZÓN 93
Los niveles de escucha 94
La escucha empática: la máxima atención 95
La escucha intermitente: oír las palabras
pero no escuchar realmente 96
La escucha pasiva: un pretexto para hablar 96
Cómo piensa una persona, cómo actúa y cómo
entra en relación con los demás 97
La dificultad de escuchar sin prejuicios 102

LAS BARRERAS QUE IMPIDEN UNA ESCUCHA EFICAZ 112
Las barreras entre quien escucha y quien habla 114
La resistencia a la escucha es un prejuicio cultural 115
Cuidado con las perdidas de información
y con los trastornos de la escucha 116
Oír sólo lo que se quiere oír 117
Los prejuicios provocan una escucha parcial 119
Los efectos de las emociones sobre la escucha 119
Expresiones que deben evitarse 120
Los demás trastornos de la escucha 121
Barreras físicas: el cansancio de escuchar 121
Barreras semánticas: los significados se encuentran
en las personas, no en las palabras 121
Distracciones externas: concentrarse es esencial 122
Reconocer el tipo de oyente 123
El que finge escuchar 125
El que se preocupa demasiado por las apariencias 125

    El que interrumpe 125
    El que presta demasiada atención a sí mismo 126
    El que escucha sólo las palabras 126
Cómo hacerse escuchar 127

Escucharse a uno mismo para escuchar mejor 136
Reconocer el propio pensamiento 137
    Sé perfecto 139
    Sé fuerte 139
    Date prisa 139
    Complace 139
    Esfuérzate 139
Cuidado con la forma en la que formulamos
    nuestras convicciones 141
    Cómo nos declaramos a los demás 142
    Eliminar las actitudes de autodesafío 142
    La tendencia a clasificar o a colgar etiquetas 143
No debemos dejarnos influir por los comportamientos
    habituales 143

Escuchar y comunicar con éxito 150
Crear una atmósfera positiva 150
Las actitudes del que escucha 152
Las suposiciones no dan credibilidad 156
Saber describir sin juzgar 157

Introducción

Hemos evitado intencionadamente dar a este manual un aspecto homogéneo. Hemos mezclado, sin falsos temores y pudores, teorías de la programación neurolingüística con experiencias fruto del análisis transaccional y descubrimientos de la gramática generativa de Noam Chomsky.

Hemos utilizado estilos diversos para ayudar a orientarse a los lectores, con «mapas del mundo» subjetivos, entre las distintas técnicas de una comunicación que sea vencedora en un mundo complejo y siempre en movimiento. Esto deriva también del conocimiento de que es bastante fácil prescribir normas de comportamiento y de comunicación, pero es difícil entender a las personas: para alcanzar este objetivo es lícito, por lo tanto, usar todas las teorías o modelos disponibles.

Un estilo descriptivo guiará al lector para asimilar los conceptos, a menudo alejados de nuestra forma de pensar, de la programación neurolingüística, mientras los capítulos importantes sobre la escucha (sin la cual no puede existir la comunicación triunfadora) siguen el modelo racional de las escuelas de organización empresarial del otro lado del océano y el espíritu emotivo del mediterráneo. Hemos evitado seguir un paradigma anafectivo (sin emociones) puesto que la comunicación se alimenta con el mar *(nostros)* de los afectos y de los sentimientos; una perturbadora presencia en el diálogo que permite, si se trata de forma adecuada, profundizar el conocimiento del otro y de nosotros mismos.

En este trabajo hemos evitado hacer como aquel «mal panadero» que sabiendo todo sobre la harina, sobre el tiempo de cocción del pan, sobre los valores nutritivos de los carbohidratos, no se atrevía a poner nunca las «manos en la masa» para hacer un humeante panecillo, siempre sujeto al miedo de no saber mezclar o dosificar los diversos ingredientes.

Este libro ayudará sin duda alguna al lector atento a escuchar, ver, oír y finalmente saborear y oler de una forma nueva y distinta a la persona que tiene delante. Cambiará su percepción del mundo exterior y la imagen que tiene de sí mismo. Al final de esta lectura sabrá distinguir lo que es importante de lo que no lo es, al mismo tiempo que será consciente de que, como dice Bateson, «la realidad es un inmanente al que nuestro pensamiento consciente sólo puede acercarse».

Recuerde, además, lo que escribía André Gide: «No se descubren nuevas tierras si no se acepta perder de vista durante mucho tiempo la tierra firme».

El mapa no es el territorio: una nueva comunicación

Se trata del lugar más complejo del universo, el sistema más sofisticado y todavía misterioso que el Cosmos en su evolución haya producido nunca. Y en cambio lo llevamos encima del cuello, encerrado en una cajita ósea. Un kilogramo y medio de materia gris que en el microscopio desvela un increíble lío de células, arborizaciones y filamentos. Estamos hablando del cerebro del hombre, una arquitectura que millones de científicos, investigadores, filósofos, psicólogos y poetas se esfuerzan desde hace siglos en descifrar y reconstruir. ¿Es posible penetrar en sus meandros, descubrir las modalidades de transmisión de las señales que recorren sus redes, tener la presunción de dibujar todo el esquema de conexiones y entender su funcionamiento?

Por el momento es muy difícil que esto suceda. Para corroborarlo, basta leer lo que escribe el premio Nobel Edelman acerca de ello: «La parte superficial del cerebro es como un periódico enrollado. Si desenrollamos esta hoja o estiramos la corteza, impropiamente definida como la parte pesada del encéfalo, obtendremos una superficie grande como un mantel de un milímetro de grosor, con diez millardos de células y un millón de millardos de conexiones. Contando cada conexión al ritmo de una por segundo acabaríamos dentro de 32 millones de años. Si quisiéramos calcular todas las posibles formas de interacción entre las neuronas (células nerviosas), la suma superaría en distintos órdenes de grandeza de los átomos y la de las partículas que se encuentran en el «universo entero». Y por si esto no fuera ya suficientemente impresionante, Edelman señala que «la individualidad humana depende de las formas con que se conectan los distintos grupos de neuronas entre sí. El individuo es el resultado de un proceso particular que ha llevado a sus neuronas y a sus circuitos cerebrales a organizarse de una forma determinada, absolutamente única e irrepetible».

La programación neurolingüística: el lenguaje representa la realidad

El misterio parece impenetrable. Pero esto no desanima a quienes desde hace años formulan teorías sobre cómo funciona el cerebro en el ámbito de la comunicación. Entre las investigaciones más acreditadas y sobre todo más eficaces se encuentra la PNL o programación neurolingüística *(Neuro Linguistic Programming)*, que nace en California en la década de los setenta como punto de llegada de un conjunto de estudios sobre la estructura del lenguaje y sobre la elaboración de las informaciones aplicadas a la comunicación, por obra del lingüista Grinder y del matemático Bandler, basándose en las teorías de psicología humanística de Rogers y Berne y de las contribuciones de Watzlawick, Erickson, Satir, Korzybski, Chomsky y Bateson. Este último, considerado uno de los padres de la cibernética, afirma que «cada comportamiento humano es el resultado de complejos procesos neurológicos ordenados y ordenables en secuencias muy precisas». En otras palabras, los comportamientos son transformaciones de procesos neuronales internos que se ordenan en secuencias y modelos que dan informaciones sobre cómo percibimos el mundo que nos rodea.

Con respecto a esto recordamos uno de los conceptos clave de la programación neurolingüística: «El mapa no es el territorio». Como precisa Alfred Korzybski[1], en *Science and Sanity*, «se deben tener presentes las características fundamentales de los mapas. Un mapa geográfico no es el territorio que representa sino que, si es exacto, tiene una estructura similar a la del territorio, lo que no justifica su utilidad».

En la práctica, la representación interna que hacemos de la realidad no es la reproducción exacta del acontecimiento, sino que es sólo una interpretación filtrada a través de creencias específicas, actitudes, valores personales y, de forma particular, a través de nuestros instrumentos sensoriales.

Cómo percibimos el mundo

Según la programación neurolingüística codificamos y elaboramos las

---

1. Alfred Korzybski (1879-1950), científico estadounidense de origen polaco, fundador del Instituto para la Semántica General.

informaciones que nos llegan del mundo exterior a través de los instrumentos sensoriales de nuestro sistema nervioso. No nos relacionamos directamente con el mundo que nos rodea sino que utilizamos «mapas mentales» o «modelos cognitivos» individuales.

En la práctica, nuestra visión de la realidad, la percepción de lo que sucede, de las cambiantes notas de un mundo siempre en evolución, se elabora a partir de lo que vemos, percibimos con nuestras emociones a nivel cinestésico (del griego *kineo*, «yo muevo», y *aisthetikos*, «capaz de sentir»), escuchamos, olemos y degustamos.

Otro filtro, no menos importante, para la elaboración de la realidad es el de las creencias, el de las convicciones y el de los valores que «fabricamos» basándonos en nuestras experiencias de vida. Se trata de unos conceptos que están explicados con mucha habilidad por Gre-

Nosotros seleccionamos lo que vemos, lo que escuchamos y sentimos

gory Bateson en su ensayo *Hacia una ecología de la mente*.

Cada uno de nosotros tiene un sistema representativo que utiliza principalmente un canal sensorial que lo guía comparable con la lengua materna que se aprende en los primeros años de la vida. Lo preferimos a nivel inconsciente ante cualquier otro sistema aprendido más tarde en la vida. En la práctica, cuando traducimos nuestra comunicación en el canal representacional preferido por la persona con la que comunicamos, las informaciones pasan rápidamente de un cerebro a otro. La comunicación se convierte en una especie de baile y, aunque los contenidos estén contrapuestos, no asume nunca las connotaciones de una lucha.

Es importante remarcar que nuestros sistemas sensoriales se estimulan principalmente por las imágenes internas, recordadas o construidas, de ese gran almacén de sensaciones, sonidos, visiones, gustos, olores y perfumes que llamamos *memoria*. Este material bruto se manipula, se reorganiza y se reconstruye en algo particularmente personal y creativo: el pensamiento.

Nuestro inconsciente lo ve todo

El científico y escritor Aldous Huxley, que ha estudiado durante mucho tiempo la importancia de los canales sensoriales en la elaboración de la realidad con Milton Erickson (considerado como el médico hipnoterapeuta más innovador de todos los tiempos), los ha comparado a cinco puertas que abrimos para organizar en nuestro interior las informaciones que recibimos[2]. Nuestra mente consciente abre estas puertas una por una en secuencias veloces, mientras que nuestro inconsciente las deja abiertas todas juntas y almacena muchas más informaciones de lo que nosotros podemos llegar a imaginar. Es como si cada uno de nosotros dispusiera de un elaborado sistema televisivo con cinco estaciones que trabajan de forma simultánea con programas distintos. Una estación transmite sólo sonidos, otra imágenes, otra sensaciones y emociones y las dos últimas envían sabores y olores. Nuestra mente consciente puede acceder a un único canal cada vez, en la práctica puede ver sólo un único programa. En cambio, nuestra mente inconsciente ve todos los programas de forma simultánea, los graba y los lleva hasta nuestra conciencia cada vez que es necesario.

2. Algunos docentes de PNL prefieren la palabra *ventana* a *puerta*, lo cual, en la práctica, equivale a suponer cinco ventanas abiertas al mundo.

Durante un curso de programación neurolingüística, el profesor Gianni Fortunato, explicó la siguiente anécdota: «En un día de sol cálido y despejado un gran elefante se paseaba entre los perfumes del bosque tropical. Una pequeña mosca, atareada y contenta, volaba alrededor de su trompa. Un moscón que pasaba por casualidad por allí, volando ociosamente un poco por aquí y por allá le preguntó a su amiga: "¿Qué estás haciendo tan cerca de ese elefante?" La pequeña mosca le respondió con calma: "¿Pero no ves que estoy guiando a este estúpido animal que obedece todas mis órdenes?"».

Al preguntarle cuál era el significado de la historia respondió lo siguiente: «La mosca es la metáfora de nuestra mente consciente que no se da cuenta de lo irrelevante frente al inconsciente».

Mientras lee las páginas siguientes recuerde esta historia y también una famosa frase de Jung que dice lo siguiente: «Aprende de forma consciente todo lo que puedas sobre la teoría, pero cuando estés frente a otra persona olvida el manual y deja actuar a tu mente».

Mente consciente y mente inconsciente

Sintonicémonos en los canales de la comunicación

En nuestro mundo la comunicación se basa principalmente en los canales visuales, auditivos y cinestésicos. Raramente utilizamos, como hacían los hombres primitivos, los olores y los sabores para elaborar la realidad. ¿Cómo saber qué canal utiliza la persona que tenemos delante? Veamos a grandes líneas algunos comportamientos típicos de cada categoría.

Canal visual

Algunos comportamientos caracterizan a los que están acostumbrados a pensar mediante imágenes. Los movimientos involuntarios de los ojos se dirigen preferentemente hacia arriba, a la derecha o a la izquierda. Tienden a colocarse en posiciones no muy cercanas para poder observar mejor lo que sucede a su alrededor. Normalmente están de pie, con la espalda recta y parece como si quisieran estirar el cuello para ver mejor. Cuando explican sus experiencias, las ven y a menudo están disociados. Dirigen sus gestos hacia arriba como para dibujar los objetos que describen. La respiración es de pecho y poco profunda.

Los tipos visuales hablan muy rápido y utilizan expresiones de tipo figurativo como por ejemplo: «Compro sólo lo que veo»; «a simple vista me parece un buen negocio»; «lo que me estás diciendo me parece un poco negro»; «no me queda ni una sombra de duda»; «no consigo ver claro en tus propósitos».

Canal auditivo

Las personas que se guían en su representación de la realidad a través de los sonidos y de la calidad de la voz tienen la mirada ladeada, es decir, horizontal. La tensión muscular es relativamente uniforme y los movimientos son rítmicos, como si quisieran seguir las notas musicales o escribir sus pensamientos. Tienen tendencia a echar los hombros hacia atrás, a veces un poco curvados, en la que se define como la posición del «saxófono» porque el cuerpo está colocado como cuando se toca el saxófono. A menudo inclinan la cabeza hacia un lado como para escuchar mejor. La respiración es uniforme y diafragmática. La voz melodiosa respeta ritmos y compases. El tono es claro, ni alto ni bajo. La palabras se ordenan bien. Son muy sensibles a los tonos de voz de quien habla y si son desagradables incluso pueden bloquearse.

Un sujeto auditivo se expresará de la siguiente forma: «Te escucho con atención»; «lo que dices me suena bien»; «tus palabras son música para mis oídos»; «para mí es importante estar en sintonía con mis colegas de trabajo»; «es algo que no hace eco en mí»; «he oído decir que la marca que me propones es buena»; «he oído hablar bien de ello»; «la noticia es exacta palabra por palabra».

Canal cinestésico

Estas personas se guían en su representación de la realidad por sensaciones corporales y viscerales. La respiración es profunda en la zona abdominal. La mirada se dirige hacia abajo y hacia la derecha. Se produce una relajación general de los músculos, con la cabeza bien colocada sobre los hombros que tienden a curvarse. Cuando pueden, se mantienen cerca de su interlocutor y sienten incluso la necesidad de tocarlo. Hablan lentamente y a menudo se detienen, como si quisieran buscar o controlar sus sensaciones corporales y emotivas. El color de la piel se altera según las emociones que están viviendo; normalmente enrojecen fácilmente.

Un cinestésico es una persona que siente de forma particular las emociones y el lenguaje que utiliza lo refleja; de hecho dirá: «Eres insensible»; «tengo la sensación de estar de acuerdo contigo»; «me emociono y me ruborizo cuando la veo»; «para mí eres sólida como una roca»; «cuando te veo me sudan las manos»; «es un día triste»; «siento que estoy de acuerdo contigo».

El antropólogo Edward Hall ha elaborado una teoría según la cual existen poblaciones que tienen en conjunto un canal sensorial particularmente marcado. «Los árabes, por ejemplo, son cinestésicos, prefieren el contacto físico y razonan a menudo mediante sensaciones», dice Hall, y señala también que en América del Norte las personas son principalmente visuales y rechazan a veces incluso estrecharse simplemente la mano.

Existe también el diálogo interno

Quienes desarrollan un diálogo interno, es decir, los que hablan consigo mismos, dirigen los ojos hacia abajo y hacia la izquierda. A menudo apoyan la cabeza bajo la mano o bajo el puño inclinándola hacia un lado (en general a la izquierda), como si estuvieran hablando por teléfono.

Tocarse la barbilla con la mano o tocarse la zona alrededor de las orejas son gestos frecuentes. La respiración es uniforme, diafragmática o con todo el pecho, acompañada a menudo con una espiración algo prolongada, como si se hablara sin mover la boca para formar las palabras.

Se expresan diciendo: «Cuando escucho mis propias palabras»; «me lo he repetido mil veces».

Lo importante es sintonizarse con la persona que nos escucha

Para que se establezca una buena comunicación entre un emisor y un receptor es necesario que quien escucha utilice el mismo canal sensorial que utiliza la persona que habla.

Para explicarnos mejor pongamos un ejemplo típico de la cultura americana en la que el ochenta por ciento de la población prefiere el canal sensorial visual.

Presentamos a continuación un pequeño fragmento de la vida cotidiana, un enfrentamiento entre un padre visual y un niño cinestésico ilustrado en el dibujo de la página siguiente.

El padre dice: «Cuando me escuchas tienes que mirarme a la cara, tienes que mantener la cabeza recta, si tus ojos no miran los míos significa que estás mintiendo».

Es evidente que busca una estrategia precisa mientras intenta educar a su hijo siguiendo principios que se inspiran en su «mapa del mundo», visto a través del filtro del canal sensorial principal. Pero no tiene en cuenta el hecho de que su hijo tiene como sistema guía el canal cinestésico y que, por lo tanto, para entender y responder tiene que mirar hacia su interior, curvando incluso a veces los hombros, acercándose a su interlocutor hasta casi tocarlo, tomándose su tiempo para formular su propio pensamiento. El resultado es un malentendido que puede evitarse con algún conocimiento de programación neurolingüística.

Cuando realice tratos de negocios, recuerde utilizar el canal sensorial guía de su cliente si no quiere caer en malentendidos inútiles. Uno de los clásicos ejemplos que citan los docentes de programación neurolingüística es el del vendedor de coches que ilustra con una voz de tonos altos y desagradables a un cliente auditivo la gama de los colores disponibles y el brillo de los cromados.

Naturalmente el auditivo no escucha lo que se le dice con tantas ganas y el trato no se cierra. El vendedor, convencido de que ha realizado una buena descripción del coche se queda sorprendido sin saber que si hubiera elogiado el canto del motor y su silencioso interior el resultado habría sido seguramente distinto ya que hubiera obtenido enseguida un terreno de comunicación compartido.

EJERCICIOS

Escuche con atención a la persona que tiene delante y responda de forma alternativa utilizando el mismo sistema representacional o utilizando un sistema representacional distinto.

Se dará cuenta usted mismo de cómo cambia el resultado de la comunicación teniendo en cuenta que la comunicación eficaz depende siempre del efecto retroactivo *(feedback)* que se recibe.

Para saber a qué categoría pertenece la persona que tiene delante y comunicarse con ella mediante su canal sensorial principal es necesario practicar incluso durante la vida de todos los días. Acostúmbrese a mirar y a escuchar la respiración de las personas con las que habla y que hablan entre ellas.

Observe también cómo tienen los músculos de los hombros y de la cabeza y continúe de esta forma hasta que haya examinado todo el cuerpo. Obtendrá una idea precisa sobre sus canales sensoriales y sobre los esquemas que utilizan para comunicarse con ellos mismos y con los demás.

Practique con un amigo al que le puede decir por ejemplo: «Te diré algunas palabras y quiero que las escuches atentamente. No tienes que responderme, sólo escuchar y entender. ¿Estás preparado?»

Diga una serie de nombres concretos, como *perro*, *planta* o *barco*, luego haga una pausa y observe la respuesta no verbal mientras su amigo escucha y da un sentido a lo que ha escuchado. Localice las señales de acceso a los canales sensoriales. Por ejemplo, al oír la palabra «perro» un sujeto cinestésico mirará hacia abajo a la derecha para sentir la sensación que la palabra le produce, uno visual, además de mirar hacia arriba puede hacer gestos como si quisiera dibujar al último perro que ha visto, y un auditivo escuchará de nuevo el ladrido de su perro y asumirá quizá la posición «del saxófono».

Repita este ejercicio utilizando nombres abstractos, como *amistad* o *afecto* o cualquier otra palabra que le venga a la cabeza.

Hable de un argumento que le interese y explique una experiencia suya a un amigo y descubra cuándo este utiliza las palabras relativas a los distintos canales sensoriales. Para facilitarle la tarea le proporcionamos una lista de palabras que se utilizan normalmente como indicativos de los tres sistemas representacionales:

Visual: focalizar, ver, claro, iluminar, imaginarse, perspectiva, mostrar, indistinto, coloreado, gracioso, pico, visión.

Auditivo: escuchar, gritar, hablar, sentir, armonía, ruidoso, discutir, llamar, sonoro, jaleo, explicar.

Cinestésico: percibir, sólido, toque, presión, concreto, tocante, irritado, enérgico, desgraciado, relajado.

Un último ejercicio para realizar con un amigo que comparta sus intereses por los sistemas representacionales.

Siguiendo las distintas indicaciones sobre los comportamientos típicos de los sujetos visuales, auditivos y cinestésicos, identifíquese y, mientras continúa relacionándose, interprete estos comportamientos pasando del uno al otro y pidiendo a su colega que adivine quién es usted en ese momento.

El ejercicio también puede realizarse sin palabras de forma que sea todavía más difícil.

Los movimientos de los ojos y cómo interpretarlos

Sabemos que, aunque practiquemos mucho, no es nada fácil adquirir la habilidad de captar los canales sensoriales de la persona que tenemos delante de nosotros.

Por esta razón le daremos ahora un nuevo e importante instrumento del que ya hemos hablado: la observación y la interpretación detallada de los movimientos oculares.

Bandler y Grinder, durante sus investigaciones sobre la «estructura de la experiencia subjetiva», es decir, utilizando sus propias palabras, «la localización de las operaciones mentales fundamentales que en secuencia dibujan la estructura de los procesos comunicativos y de las estrategias de pensamiento de las personas», descubrieron que los movimientos oculares que las personas realizan cuando meditan con ellas mismas o cuando elaboran las informaciones que vienen del exterior, constituyen un indicio importante y preciso sobre su forma de interpretar la realidad y en particular sobre el sistema representacional que están utilizando en ese momento.

El objetivo principal de los fundadores de la programación neurolingüística ha sido crear una psicología de la comunicación sobre bases experimentales centrándose en el concepto de observabilidad.

En los años ochenta estas intuiciones las corroboraron famosos estudios científicos, que confirmaron que los movimientos oculares reflejan las diversas funciones de los hemisferios cerebrales ocupados en elaborar de forma muy rápida las informaciones que les proporcionan los sistemas sensoriales a través de varias combinaciones de imágenes internas, sonidos, sensaciones, olores, perfumes y gustos.

Cada uno de nosotros utiliza estas modalidades en combinaciones distintas y de una forma única y personal.

Profundizar todos los aspectos de una ciencia tan amplia precisa mucho tiempo, pero si como dice Lee Jacocca, es verdad que para un buen *manager* «la gran mitad de la vida no es el conocimiento sino la acción», es suficiente limitarse a aprender a interpretar las principales señales de acceso de los movimientos oculares para saber a quién tenemos delante en relación con las imágenes, los sonidos, las voces y las sensaciones y poderlos reproducir también nosotros para comprender las distintas secuencias de su pensamiento.

Conocer en tiempo real qué sistema representacional está utilizando nuestro interlocutor nos permite hacer que nuestra relación sea más profunda y construir una comunicación al mismo tiempo que se vuelve potente y eficaz.

Ojos mirando hacia arriba y hacia la derecha

Las imágenes se construyen en el hemisferio dominante. Puede tratarse de fragmentos de imágenes ya vistas y colocadas juntas como en una película o completamente nuevas. Las imágenes construidas son normalmente planas, no tienen profundidad y tienen pocos colores.

Imágenes construidas con una visualización en el hemisferio dominante

Ojos mirando hacia arriba y hacia la izquierda

Las imágenes recordadas o eidéticas se construyen mediante una visualización en el hemisferio no dominante. Se obtienen de la memoria de acontecimientos vividos o soñados, o imaginados. A menudo son en colores y tienen una buena profundidad.

Imágenes recordadas o eidéticas con una visualización en el hemisferio no dominante

Ojos mirando hacia la derecha a nivel horizontal

Experiencias auditivas construidas con un acceso auditivo del hemisferio dominante.
Este acceso está asociado al proceso de visualización, a lo que se quiere decir a continuación.

Experiencias auditivas asociadas al proceso de verbalización

ojos mirando hacia la derecha en sentido horizontal

hombros hacia atrás

respiración diafragmática uniforme

Ojos mirando hacia la izquierda a nivel horizontal

Experiencias auditivas rememoradas con un acceso auditivo en el hemisferio no dominante.
Se trata de sonidos recordados como canciones, proverbios, mensajes tan repetidos que pasan a ser inconscientes.

Experiencias auditivas rememoradas como con cintas magnéticas

Ojos mirando hacia abajo y hacia la derecha

Experiencias que se refieren a las sensaciones corporales con acceso cinestésico. En esta posición, tiene acceso tanto a las emociones como a los recuerdos de tipo cinestésico. Esta posición es típica de las personas depresivas absorbidas por su propio mundo.

Conciencia de las sensaciones corporales, acceso cinestésico

ojos mirando hacia abajo y hacia la derecha

respiración profunda en la zona abdominal

hombros relajados y curvados

Ojos mirando hacia abajo y hacia la izquierda

Posición que recibe también el nombre de «auditorio digital».
Quien se encuentra en esta posición está comentando lo que está sucediendo para sus adentros.

Diálogo interno, se habla a uno mismo

manos en contacto con la cara

ojos mirando hacia abajo y hacia la izquierda

A veces, la persona que mantiene durante largo tiempo los ojos mirando hacia abajo y hacia la izquierda escucha las voces de otros.
Honestamente, conseguir descubrir dónde miran los ojos de la persona que tenemos delante es difícil; para ello le proponemos algunos ejercicios precisos. Pero no debe olvidar que los movimientos oculares son sólo una de las señales de acceso para entender a nuestros interlocutores, no se deben infravalorar los movimientos de las manos, el ritmo de la respiración, la posición del cuerpo, el tono de la voz y el tipo de palabras utilizadas.

EJERCICIOS

Cuando se comunique con los demás tiene que acostumbrarse a mirar sus movimientos oculares, le sorprenderá constatar su velocidad y lo distintos que son de una persona a otra. Haga preguntas específicas para constatar el acceso a los distintos canales sensoriales. Es importante recordar que para mantener una buena relación las preguntas no se tienen que plantear de forma directa sino intercaladas de forma casual en una conversación. Por ejemplo, si quiere preguntarle a la persona que tiene delante el color de su primer coche, es más eficaz si lo hace durante una conversación en la que explica una anécdota sobre su primer coche, precisando que no recuerda ni siquiera el color que tenía y preguntándole de forma casual si recuerda el color del suyo.

Presentamos a continuación algunos ejemplos:

Imágenes construidas: haga una pregunta directa de tipo visual que se refiera al futuro, por ejemplo: «¿Qué aspecto tendrá dentro de tres años esta (persona, casa o planta)?». Su interlocutor, para contestar, tiene que construir una imagen que no conoce en este momento.

Imágenes recordadas: haga una pregunta de tipo visual que se refiera al pasado, por ejemplo: «¿De qué color era tu primer coche?», o también que se refiera a algo muy conocido: «¿De qué color es tu abrigo preferido?», o si quiere ser más específico: «¿Cuántas ventanas hay en la fachada de tu casa en la montaña?». Esto hace pensar en imágenes que ya se conocen y la mirada se dirige hacia arriba y hacia la izquierda.

Experiencias auditivas construidas: puede plantear una pregunta sencilla del tipo: «¿Qué sonido tiene tu nombre pronunciado del revés?», o una pregunta que precise una respuesta verbal complicada: «Explícame con tus palabras qué significa para ti ser superdotado». En este caso los movimientos oculares pueden empezar con la búsqueda de imágenes y sonidos construidos o recordados. Pero cuando el interlocutor verbalice su pensamiento, dirigirá los ojos hacia la derecha a nivel horizontal.

Sonidos recordados: pregunte algo que haga recordar un sonido como: «¿Cómo suena tu despertador?», o una sencilla frase ya dicha, por ejemplo: «¿Cuál ha sido la primera pregunta que te he hecho?». Si se pregunta por recuerdos de sonidos relacionados con las emociones, como por ejemplo: «La canción que ha acompañado tu primer beso», es posible que se produzca primero una búsqueda de tipo cinestésico o que antes del sonido se quieran ver de nuevo las imágenes relacionadas con ese momento en particular.

Sensaciones y emociones: pregunte por algo que se refiera a sensaciones sencillas del tipo: «¿Cómo te sentías esta mañana antes de lavarte los dientes?», o emociones, «¿Cómo te sientes cuando estás contento?». Si le dice a la persona que piense en la experiencia sin verbalizarla, de esta forma podrá tener un control de tipo analógico todavía más preciso.

Diálogo interno: es difícil inducir a alguien para que tenga un diálogo interno con una pregunta puesto que se trata de un fenómeno que se produce de forma espontánea. Inténtelo con una pregunta directa del tipo: «Tienes que decirte algo a ti mismo que te repitas a menudo». Muchas más personas de lo que se pueda imaginar mantienen un diálogo interno y es muy probable que si le pregunta «¿Qué te estás diciendo?» en el preciso momento en el que los ojos miran hacia abajo y hacia la izquierda, al no tener tiempo para reflexionar a su pregunta tan directa, la persona le explicará sus pensamientos más íntimos. Haga la prueba. Es útil practicar también alternándose con una tercera persona (un observador) que grabará los movimientos oculares y anotará las distintas posiciones del cuerpo.

Mientras mira la televisión, observe los movimientos oculares de la persona que habla.
 Céntrese en un único tipo de acceso cada vez. Anote sus experiencias en un cuaderno reservado sólo para ello que tiene que repetirse de hecho hasta que pase de una competencia consciente a una competencia inconsciente y espontánea.

Los secretos para mantener un diálogo con éxito

Existen dos formas muy útiles de relacionarse con los demás: enfatizar las diferencias o acentuar los parecidos, es decir, lo que se tiene en común. Recordamos a propósito de ello una frase de Abraham Lincoln que nos puede resultar muy ilustrativa: «Si quieres convencer a alguien de la bondad de tu casa, empieza caminando con sus zapatos, entra en su mente, convéncelo de que eres como él, conviértete en uno de sus mejores amigos».

A este respecto es útil saber que una de las estrategias más potentes para establecer buenas relaciones fue inventada por Milton Erickson, que fue reconocido como el psicoterapeuta más famoso de los Estados Unidos.

Este psicoterapeuta conseguía curar a los enfermos más resistentes creando una relación de total implicación hasta el punto de que personas que no le conocían de nada sentían que podían confiar plenamente en él.

Erickson primero observaba y escuchaba a la persona con la que se estaba relacionando, en la práctica calibraba (este término viene de la física, de hecho se calibran con precisión los instrumentos) la fisiología y la forma de utilizar la voz y luego la reflejaba. Es decir, la imitaba con discreción, se volvía como ellos, utilizaba incluso los mismos sistemas representacionales y creaba un terreno de comunicación compartido. Finalmente, cuando el interlocutor se encontraba cómodo, lo guiaba hasta su propia forma de pensar, ofreciéndole de esta forma más posibilidades de elección y también un sistema representacional para elaborar la realidad.

«La excelencia —decía Erickson— deriva del hecho de tener muchas posibilidades de elección, la sabiduría deriva de tener muchos y diversos puntos de vista desde los cuales ver la vida». Vale la pena reflexionar sobre esto.

A continuación se muestran algunos ejercicios con los que puede entrenarse en calibrar para después reflejar y guiar a sus interlocutores en el mundo del trabajo.

Estos ejercicios le serán muy útiles en el desarrollo de su vida cotidiana.

Si los practica con constancia y dedicación, verá cómo mejoran gradualmente sus competencias comunicativas.

Voz, respiración, posturas corporales y estructura del discurso son los elementos imprescindibles para una comunicación efectiva. Atrévase a mejorar sus propias capacidades en cada uno de ellos.

EJERCICIOS

La voz
Calibre y refleje el tono (alto, bajo), el volumen (resonante, sumiso), el tiempo, el ritmo, el timbre y la velocidad de la voz. Cuidado, si su forma de hablar es muy distinta de la de su interlocutor, refleje sólo lo que le parezca más natural. Por ejemplo, si usted habla muy lentamente y el otro muy rápidamente, le será más fácil focalizar su atención sobre el tono o sobre el uso de las pausas.

El ritmo de la respiración
Ya hemos visto que cada sistema representacional está caracterizado por un tipo de respiración distinta. Respirar como su interlocutor le llevará a acceder rápidamente a la forma en la que se representa la realidad. Si practica en la imitación de la respiración descubrirá lo que sucede si al cabo de un tiempo modifica la suya. Si el otro le sigue, tendrá a su disposición un potente instrumento para desplazarlo de un estado de ánimo a otro.

Las posiciones del cuerpo
Practique en la reproducción física del otro (en todo o en parte) y en seguir con discreción los cambios. Refleje la posición y los movimientos relativos de la cabeza y de los brazos. Esta operación tiene que ser tan natural que su interlocutor no debe ser consciente de ella.

La estructura del discurso
Utilice los mismos predicados que su interlocutor, que como ya sabe reflejan los canales sensoriales, y practique en el intercambio de pequeñas metáforas que utiliza normalmente. A un cliente que utilizando una metáfora automovilística le dice: «Hoy tengo los amortiguadores descargados», puede responder: «Cuando le haya explicado mis soluciones para su problema se sentirá como un Ferrari».

La conversación óptima se obtiene con la sincronía

No debe infravalorar la importancia que tiene una buena representación en la comunicación. Seguramente mirando a dos enamorados sentados uno al lado del otro o a una madre con su hijo se habrá dado cuenta de que se valoran y de que se representan de forma absolutamente natural.

Esto se ha confirmado también a través de una investigación realizada por un grupo de científicos ingleses que han utilizado grabaciones a cámara lenta de sujetos que mantenían conversaciones óptimas, demostrando que la sincronía de los movimientos rítmicos efectuados es a menudo totalmente exacta. De hecho, analizando fotograma por fotograma una grabación de cuarenta y ocho fotogramas por segundo, es posible ver que muchos movimientos se inician de forma simultánea, exactamente en el mismo fotograma, por parte de los dos sujetos, el que habla y el que escucha. Cuidado, es importante saber que cuanto más profunda es la amistad entre los dos individuos, mayor es la sincronización.

Recordamos que esto sucede a la mayor parte de los individuos mentalmente sanos, mientras que las personas que sufren trastornos mentales, como los esquizofrénicos, los niños autistas, los pacientes que tienen Parkinson, los epilépticos o los afásicos, no están en sincronía consigo mismos. El lenguaje de su cuerpo transmite señales muy distintas de las de la persona que está hablando con ellos, aunque se trate de una persona a la que quieren.

En inglés hay una expresión idiomática para describir este proceso: se dice que estos individuos están *out of sync*, es decir «fuera de la sincronía».

Las expresiones jergales americanas *good ribes* y *bad ribes*, traducidas normalmente por «buenas vibraciones» y «malas vibraciones», para indicar el sentirse más o menos cómodo con alguien reflejan también en este caso la importancia fundamental del eco postural y de la sincronía que se obtiene precisamente con la valoración y la representación. Sólo de esta forma podrá establecer buenas relaciones.

Recuerde que la comunicación se puede ver como un sistema de efecto retroactivo dentro de un sistema cibernético. La respuesta recibida es el efecto retroactivo que influye en la siguiente comunicación. Al fin y al cabo, no existe una comunicación correcta o equivocada. La comunicación se define a partir del resultado que obtiene. Por lo tanto, es necesario aprender a «leer» el resultado y a variar el propio comportamiento en consecuencia.

Ejemplo de buena sincronía obtenida mediante la valoración y la representación. Durante el diálogo los dos personajes asumen de forma espontánea las mismas posiciones, símbolo de una buena sintonía y una comunicación eficaz

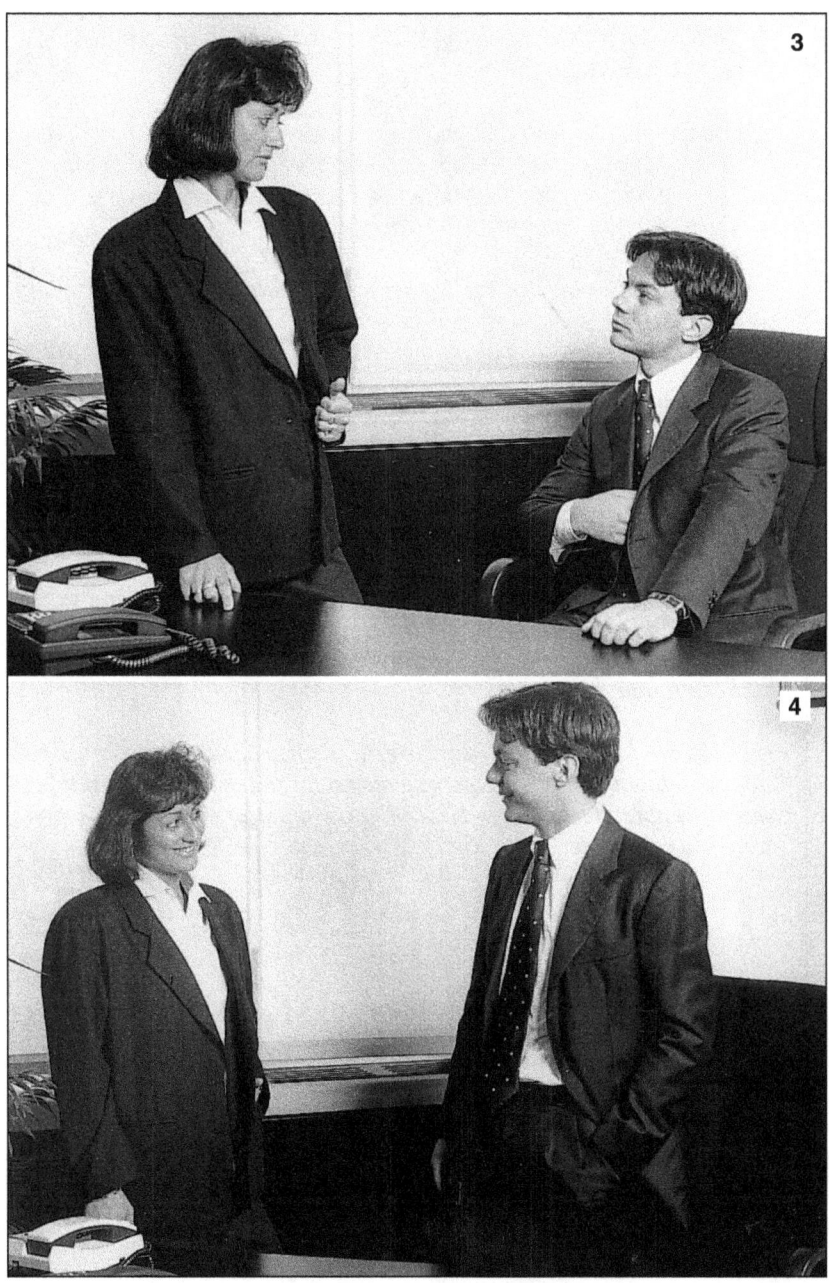

CUESTIONES IMPORTANTES

• *El mapa no es el territorio: nuestra representación interna de la realidad no es la reproducción exacta del acontecimiento, se trata sólo de una interpretación filtrada a través de los sentidos, nuestras creencias, las actitudes y los valores personales.*

• *Cada uno de nosotros utiliza principalmente para comunicar un canal sensorial guía comparable con la lengua madre. La buena comunicación entre dos personas precisa que se utilice el mismo canal sensorial.*

• *Una serie de señales (como los movimientos de los ojos y las posiciones del cuerpo) nos ayudan a saber qué canal sensorial está utilizando la persona que tenemos delante, para establecer una relación más profunda y una comunicación más potente y eficaz.*

• *Para una comunicación eficaz y convincente tenemos que saber valorar, es decir, estudiar las actitudes y la forma de utilizar la voz, y representar, es decir, imitar con discreción para llevar al interlocutor hacia su forma de pensar.*

• *No existe la comunicación correcta o equivocada. La comunicación se define por el resultado que queremos obtener. Por lo tanto, es necesario aprender a «leer» el resultado y a variar el propio comportamiento en consecuencia.*

Saber leer el lenguaje del cuerpo

«No me fío de las palabras porque esconden muchas cosas y revelan poco de lo que es realmente importante y significativo».

De esta manera se expresaba Freud, en los últimos tiempos de su exilio londinense, comparando metafóricamente las palabras con uno de esos rayos que atraviesan ruidosamente el cielo cargado de nubes negras en una ventosa jornada de temporal, haciendo entrever mundos de cegadora luz en medio de las tinieblas.

Mientras vientos de guerra amenazadores soplaban sobre la vieja Europa, no era seguramente el momento para elaborar teorías y emprender investigaciones científicas sobre la comunicación, sobre la prioridad de la palabra respecto al lenguaje del cuerpo, etc.

Lo hizo unos años más tarde otro europeo que había encontrado asilo político en Estados Unidos: Paul Watzlawick. Llegó procedente de Europa, después de muchas peripecias, al Mental Research Institute de la joven y tranquila Universidad de Palo Alto, en California en el año 1960 y se trasladó en el año 1976 a la Universidad de Stanford con la calificación de profesor asociado al departamento de psiquiatría y ciencia comportamental.

Fue allí donde maduró la convicción, avalada por investigaciones y pruebas de carácter científico, de que Freud tenía razón en desconfiar de las palabras, que de hecho inciden sólo en un siete por ciento en la comunicación eficaz, mientras que el resto se deja al lenguaje del cuerpo y de la voz.

Según Watzlawick, cada comunicación transcurre por dos vías paralelas, la del contenido y la de la relación.

Presentamos en grandes líneas en qué consiste cada una de estas áreas y cómo pueden utilizarse en los procesos comunicativos que se desarrollan en las relaciones cotidianas entre personas.

El área del contenido la definen las palabras

El área del contenido está definida por las palabras y se llama *digital*. Ofrece una serie de informaciones de tipo verbal y la recibe el hemisferio izquierdo de nuestro cerebro, que gobierna las funciones que regulan el análisis, el razonamiento y la palabra. Las señales digitales son símbolos abstractos, a menudo complicados, con toda probabilidad específicamente humanos. Tienen poco en común con el objeto que describen.

Por ejemplo, la palabra *gato* no evoca a este animal, como puede hacer en cambio el sonido onomatopéyico *miau-miau* o la imagen de un niño que camina a cuatro patas y dobla la espalda tal como ha visto hacer al gato de su casa. Por este motivo, a menudo las señales digitales son importantes pero no determinantes para la comprensión de la persona que tenemos delante, hasta el punto de que en la comunicación eficaz cuentan, como ya sabe, sólo en un siete por ciento.

El área de la relación la define el cuerpo

El área de la relación se define por cómo movemos el cuerpo, por las expresiones de la cara y por la forma en la que utilizamos la voz: recibe el nombre de *analógica, figurada* y *no verbal*. La recibe la parte derecha del cerebro, es decir, la mente inconsciente, que piensa a través de las imágenes, visualiza, representa, ofrece «metainformaciones», es decir, que da informaciones sobre las informaciones verbales. En la práctica, el lenguaje no verbal está representado por los gestos, los movimientos, las actitudes del cuerpo, las expresiones de la cara, el tono, el volumen, el compás y la melodía de la voz que describen el carácter de una persona y sus estados de ánimo. Se percibe enseguida y de forma intuitiva y se convierte en algo más importante que el lenguaje digital. En la comunicación eficaz cuenta en un cincuenta y cinco por ciento por lo que se refiere al lenguaje del cuerpo y en un treinta y ocho por ciento para el lenguaje de la voz.

«Ningún ser humano puede enviar señales de contenido, es decir, digitales, sin enviar al mismo tiempo señales de tipo analógico que a menudo cambian el contenido de la comunicación». Es la conclusión a la que llegó Watzlawick en el año 1988 después de innumerables experimentos, en los que demostró que son suficientes incluso unas pocas e imperceptibles microseñales de tensión o malhumor para que cambie el significado de la comunicación.

Las posibilidades infinitas de nuestro cerebro

El número de posibles conexiones entre las distintas células del cerebro es casi cinco veces el de todos los átomos que existen sobre la tierra. Por lo tanto, es imposible que existan dos cerebros iguales entre ellos.
   No es posible examinar en las páginas que forman este libro toda la gama de gestos y señales que el cerebro del hombre transmite al cuerpo. Nos limitamos a ilustrar las señales más comunes del lenguaje del cuerpo y de la voz. Le proponemos a continuación un pequeño ejercicio que le hará constatar que muchos de nuestros gestos se realizan a nivel inconsciente.

EJERCICIO

Una las manos entrelazando los dedos y pregúntese si el pulgar derecho se encuentra encima del izquierdo o viceversa.
   Seguramente para responder a esta pregunta tendrá que mirarse las manos y pensar un segundo. Todos tenemos un pulgar dominante que está siempre encima del otro cada vez que entrelazamos los dedos. Con los años hemos desarrollado, sin darnos cuenta, una forma concreta de entrelazar los dedos que es siempre la misma, de hecho se ha cristalizado, porque en un cierto momento hemos dejado de planteárnosla.
   Intente ahora invertir la posición del pulgar: esta postura le parecerá extraña y ridícula. A la mayoría de las personas les parecerá más natural la primera forma de entrelazar los dedos. En realidad las dos posiciones tienen el mismo valor, aunque usamos siempre la primera, que nos es más familiar. Realizando varias veces este ejercicio se dará cuenta de que los dos se vuelven familiares y dispondrá de dos posibilidades puesto que será libre de escoger entre las dos.
   Este es sólo un ejemplo, pero muchas de las acciones efectuadas por el hombre tienen un modelo fijo característico que se realiza de forma automática. Estos modelos de acción fijos son las «unidades comportamentales de base» que las personas que estudian la estructura del comportamiento utilizan como puntos de referencia.

Cada uno de nosotros tiene una forma fija de entrelazar los dedos cabalgando el pulgar derecho o el izquierdo

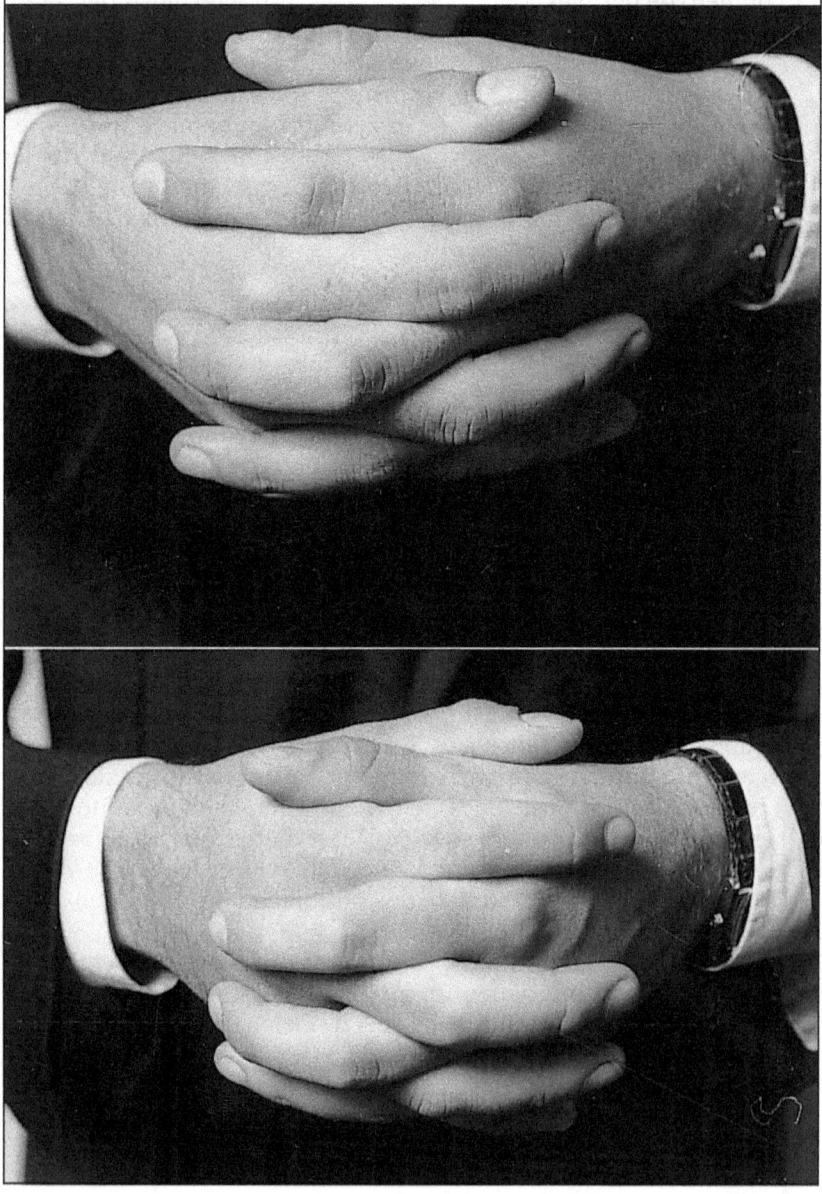

El lenguaje de las manos

Examinamos los movimientos de las manos que acompañan nuestras palabras, las subrayan, las enfatizan y a veces parecen casi querer dirigir una orquesta invisible. Un psicólogo diría que la orquesta está formada por las variadas y distintas partes de nuestra personalidad, a menudo en conflicto entre ellas.

Estos movimientos están tan fuera de nuestro control que los hacemos incluso cuando nadie nos ve, durante una llamada por teléfono, por ejemplo. Cuanto más entren en juego los sentimientos, más intensos serán los gestos.

Esta es la razón por la que las señales analógicas de los gestos (en palabras sencillas, el lenguaje de las manos) nos dan muchas informaciones que van más allá del contenido verbal. Aprendiendo a observar las manos de sus interlocutores descubrirá aspectos de su personalidad hasta ahora desconocidos o infravalorados. Para ayudarle le ponemos algunos ejemplos.

La mano con los dedos unidos y rígidos desciende con fuerza como si quisiera cortar algo o dar un golpe de hacha. Esta es la postura de un orador agresivo que, aunque el contenido de su discurso sea suave, en realidad desea agredir con fuerza y concluir rápidamente la negociación. Si cruza los antebrazos uno sobre el otro horizontalmente para luego moverlos rápidamente hacia afuera añade una fuerte connotación de negación o de repulsa al tono del discurso. Incluso la «puñalada» en la que las puntas de los dedos se empujan violentamente hacia el que escucha es una postura agresiva.

Otra clave de lectura importante la da la dirección de la palma de la mano. Las palmas abiertas hacia arriba suplican casi al que escucha que esté de acuerdo, parecen asumir la postura típica del que reza, de hecho este gesto lo repiten los fieles en las iglesias de todo el mundo. La palma hacia arriba es un gesto que frena, que indica calma, pausa, reflexión. La palma hacia afuera es la mano que rechaza, que evoca una protesta, un desacuerdo. Palma hacia adentro es la mano que intenta unir. A menudo este gesto lo realizan los políticos con las dos manos, que se mantienen delante del pecho con las palmas giradas hacia el interior para demostrar que pretenden abrazar una idea, contener el concepto del que se discute o atraer de forma metafórica al que escucha hacia un punto más cercano a su punto de vista.

Antes de interpretar un gesto, incluso el más común, es necesario conocer los vínculos sociales y el contexto cultural del lugar en el que se realiza. No se olvide nunca de observar si el lenguaje del cuerpo, la mímica facial, se corresponde con el gesto realizado, es decir, si existe coherencia.

Esto es válido también para el que se dispone a entender el lenguaje personal y único de la persona que tiene delante. Por lo tanto, le recomendamos que, cada vez que crea que «ha entendido» determinados gestos, proceda a una verificación con los instrumentos que le proporcionaremos en lugar de presumir que ha adivinado de forma inequívoca las verdaderas intenciones de su interlocutor.

Un gesto utilizado a menudo por los políticos para atraer metafóricamente al que escucha hacia una posición más cercana a su punto de vista

Saber cuándo nuestro interlocutor miente

Cuando nuestro interlocutor miente, su cuerpo lo señala con una secuencia de movimientos inconscientes. Una serie de experimentos repetidos a lo largo de los años por algunos investigadores americanos y recogidos por Desmond Morris ha permitido identificar algunos gestos que se encuentran presentes en la persona que dice mentiras. El experimento se ha realizado con grupos de alumnas de enfermería a las que se les pidió que explicaran las escenas de películas proyectadas anteriormente. Escenas cruentas, como el transplante de un corazón, y escenas inocuas o incluso agradables. Durante las diversas sesiones se invitaba a las chicas a describir lo que habían visto mintiendo una vez y luego diciendo la verdad, mientras una cámara las filmaba.

Después de muchas sesiones ha sido posible analizar los gestos y las expresiones de la cara que acompañan una mentira deliberada y los que acompañan una historia verdadera. Las enfermeras intentaban esconder las mentiras porque sabían que la capacidad de mentir con pacientes ansiosos es una cualidad importante en su trabajo. El experimento era por lo tanto mucho más que un ejercicio académico, era una verdadera prueba de examen en el que las jóvenes enfermeras se aplicaban al máximo para obtener una buena puntuación.

Incluso el más hábil de entre todos los mentirosos tiene sus puntos débiles. Los investigadores, con paciencia y habilidad, han conseguido identificar un conjunto de gestos y de actitudes de carácter universal capaces de revelar el momento del paso de la verdad a la mentira.

Los gestos

Cuando las enfermeras mentían reducían de forma considerable el número de gestos de los brazos y de las manos. El motivo es que cuando estamos ocupados explicando una historia tenemos la tendencia a «ilustrarla» a través de los gestos. La conciencia de tener las manos en movimiento sin poder controlarlas nos hace ser desconfiados. Esta es la razón por la que las chicas, cuando mentían, controlaban con gran atención sus movimientos. A menudo, para evitar un equívoco, escondían las manos detrás de la espalda o se las metían en los bolsillos.

Pero a veces no conseguían mantener las manos completamente quietas, y cuando decían una mentira particularmente grave las apoyaban nerviosamente delante de los labios o se estiraban ligeramente el lóbulo de la oreja o se alisaban los cabellos.

Los movimientos del cuerpo

Cuando mentían, las enfermeras aumentaban la frecuencia de los movimientos del cuerpo. Seguramente ha visto alguna vez a un niño que mantiene las manos detrás de la espalda y se mueve sobre su silla nervioso porque quiere irse. Quizás le haya sucedido también a usted cuando era pequeño.

El adulto, cuando miente, intenta controlar estos movimientos, pero no siempre lo consigue. Por lo tanto, el observador tiene que estar atento a los cambios periódicos de la posición (de sentado a de pie) o a imperceptibles movimientos del tronco que significan «¡Cómo me gustaría estar en otra parte!».

Las microexpresiones

Mientras mentían, las enfermeras no parecía, a simple vista, que tuvieran expresiones de la cara distintas de cuando decían la verdad. Pero el observador experto, después de haber mirado varias veces las cintas grabadas, descubría microexpresiones o, aún mejor, temblores casi imperceptibles.

En realidad, los músculos faciales reaccionan a cualquier emoción en una fracción de segundo y, por lo tanto, la orden que da el cerebro para permanecer impasible llega demasiado tarde, cuando ya se ha verificado un mínimo fruncido.

Normalmente, estas microexpresiones se repiten habitualmente en una persona, por ejemplo, un ligero temblor en el labio izquierdo caracterizaba a nuestro amigo cuando tenía que hacer un cumplido obligado por la situación.

Hay personas a las que en ocasiones similares les tiembla la barbilla o una de las fosas nasales o aprietan durante una fracción de segundo las mandíbulas.

Observe a las personas que tiene más cercanas y no le será difícil descubrir sus microexpresiones habituales.

Construir una escala de credibilidad

¿Alguna vez, mientras miraba la televisión, quizá sin sonido, ha visto a alguien que al responder a una broma concreta del presentador sonríe, separa los brazos y mantiene las palmas de las manos giradas hacia arri-

Microexpresiones de los labios

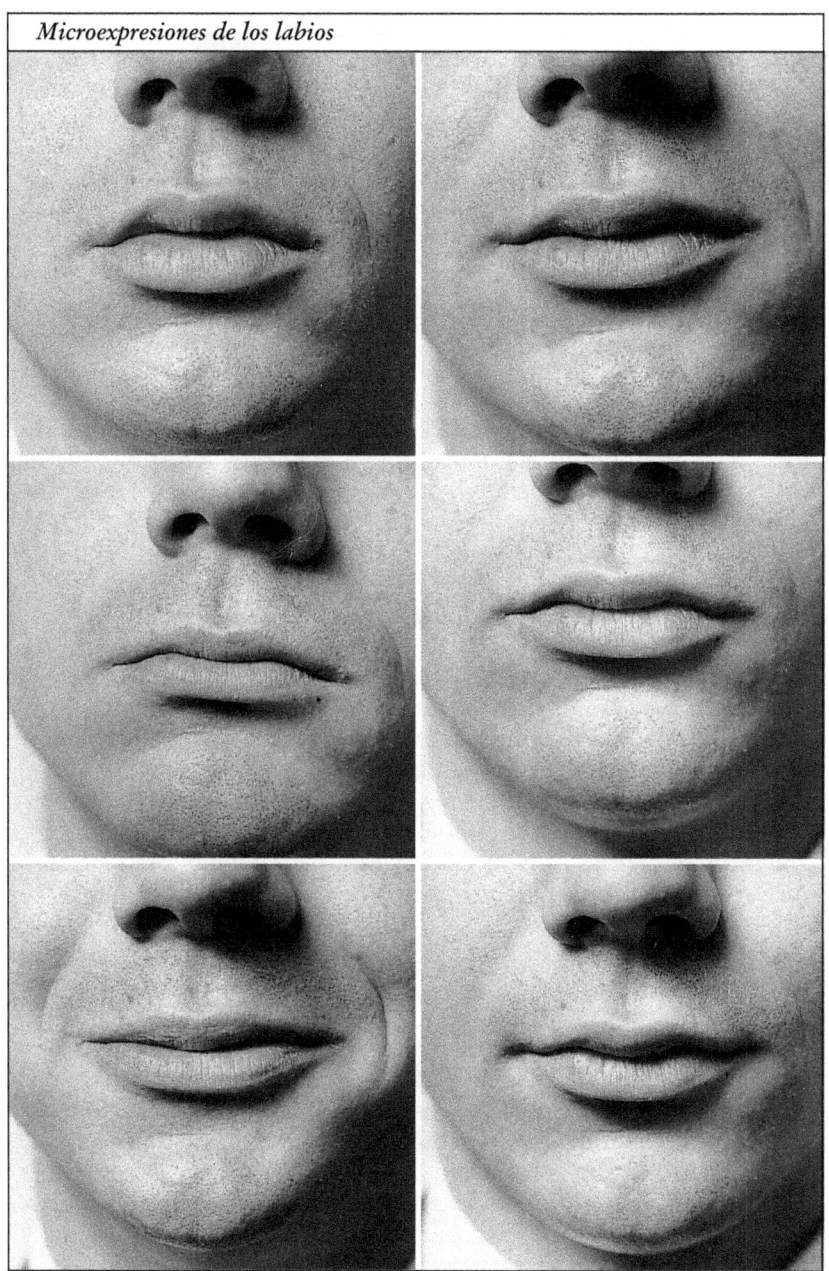

ba, pero que al mismo tiempo cambia el color de su cara y golpea nerviosamente con los pies en el suelo? Uno no sabe qué creer puesto que nos encontramos ante señales contradictorias. Algo similar ocurre a algunos periodistas políticos que cuando explican hechos comprometedores utilizan la técnica del «donde dije *digo* digo *Diego*». Para ayudarle a entender las señales más importantes que se deben analizar, y construir una escala de credibilidad de los diversos tipos de acción, le damos algunos consejos dictados por la experiencia.

Señales automáticas

Son las señales que derivan de cambios fisiológicos y que se escapan de nuestro control consciente, como por ejemplo la coloración de la piel (palidecer, enrojecer) o el ritmo de la respiración (tranquila o jadeante), la rigidez del cuello, los movimientos oculares y la dilatación de las pupilas.

Señales de las piernas y de los pies

Normalmente, cuanto más alejada está una parte de nuestro cuerpo de nuestra cara, menos la controlamos. Los movimientos de los pies, que por ejemplo golpean rítmicamente sobre el suelo o se balancean con pequeños y agresivos movimientos hacia adelante y hacia atrás o lanzan patadas al aire, son acciones reveladoras del estado de ánimo de nuestro interlocutor. Esté también atento a las posturas rígidas y forzadas de las piernas; si parecen de yeso, seguramente están en contradicción con, por ejemplo, una expresión facial relajada.

Señales del tronco

La postura general del cuerpo es la que refleja el tono muscular de todo el sistema. Una persona excitada, por mucho que se esfuerce, es difícil que consiga asumir una posición curvada o relajada, mientras el que se aburre mantiene sólo poco tiempo una posición de vigilancia. Si está llevando a cabo un contrato de venta y ve que su cliente cambia la posición del cuerpo y cae en la postura de abandono típica de quien se está aburriendo, compruebe que no se trate de los primeros síntomas de desinterés y, en ese caso, cambie rápidamente sus argumentos.

Las expresiones de la cara

Las expresiones faciales se controlan generalmente bien; las conocemos y las sabemos asumir sin esfuerzo. Pero existen pequeños movimientos de la cara que son desconocidos incluso para nosotros y que, por lo tanto, son muy difíciles de manipular. Entre los movimientos musculares inconscientes más difundidos recordamos un ligero fruncido de las cejas, una pequeña arruga que se forma sobre la frente, un movimiento de los músculos de las mandíbulas, un temblor de la barbilla, los ángulos de los labios que se levantan o bajan de forma casi imperceptible. Cada persona tiene sus propios pequeños movimientos espontáneos e inconscientes que, si se interpretan, podrán ayudarnos a entenderla mejor.

EJERCICIOS

Con este ejercicio aprenderá a conocer sus expresiones faciales de forma que las podrá controlar cuando quiera adoptar una verdadera «cara de esfinge».

Coja un espejo de bolsillo y durante algunos días manténgalo siempre al alcance de la mano. Cuando se dé cuenta de que está a punto de realizar algún micromovimiento intente «sentir» qué expresión tiene su cara y mientras se mira pregúntese: «¿Qué aspecto tengo?». Descríbalo o tome nota de él, acostumbrándose a verbalizar el lenguaje del cuerpo.

Haga el mismo ejercicio observando la mímica facial de las personas que están a su alrededor.

Recuerde que las expresiones preceden a las palabras y que, por lo tanto, podrá sorprender a su interlocutor diciéndole, antes incluso de que exprese su pensamiento: «Estás a punto de decirme una mentira», o «¿por qué estás tan emocionado?».

Observe las fotografías de las caras en los periódicos o en las revistas y practique en la percepción de las diversas expresiones. Actuando de esta forma, su agudeza sensorial mejorará de forma considerable.

La mirada dice la verdad

Más del ochenta por ciento de todos los estímulos pasa a través de los ojos. No es por casualidad que el hombre se defina como un «animal visual», todavía con más razón en nuestra sociedad en la que, con la televisión, nos acostumbramos a transformar en imágenes mentales las palabras. Por lo tanto, es particularmente útil saber interpretar el lenguaje de la mirada y los movimientos de las pupilas.

La mirada

«Cada comportamiento es comunicación. No se puede no comunicar», afirma Paul Watzlawick, quien afirma que incluso en la cara más controlada e inexpresiva la mirada ofrece señales muy precisas a quien sabe percibirlas. Comúnmente se dice que «los ojos son el espejo del alma» y como tales demuestran los verdaderos sentimientos de nuestros interlocutores hacia nosotros. Si un colega se comporta como si sintiera amistad o incluso afecto, antes de tener confianza en él controle qué tipo de mirada le dirige. Presentamos a continuación tres categorías de mirada que servirán para entender si la persona que le habla dice la verdad o está mintiendo.

Mirada que huye: es la de la persona que evita mirarle de forma directa y pasa muchos minutos fijando la vista en algún objeto imaginario fuera de su ángulo de visión o en el suelo.

Mirada que esquiva: es la de la persona que aparta la vista pero vuelve enseguida a mirarle, repitiendo la maniobra mientras continúa hablando con usted.

Mirada que tiembla: es la de la persona que le mira directamente a la cara pero mueve de forma muy ligera los párpados hacia arriba y hacia abajo, como si estuviera esforzándose al mismo tiempo para abrirlos y cerrarlos sin conseguirlo.

Las pupilas

Pida a un amigo suyo que usted considere un buen observador si cuando mira de cerca un rostro humano percibe detalles expresivos como las líneas de la frente, los guiños de los ojos, la curva de los labios o el temblor de la barbilla. Casi seguramente responderá sí a todas las preguntas. Infórmese luego de si presta atención también a las pupilas. La respuesta será probablemente no. De hecho, parecen detalles poco interesantes, insignificantes, sin valor para entender a nuestro prójimo. Pues bien, si existe una señal de nuestra cara que dice mucho sobre nosotros es precisamente la señal que transmiten nuestras pupilas.

Todos sabemos, por ejemplo, que las pupilas disminuyen su tamaño hasta tener la de la cabeza de un alfiler de aproximadamente dos milímetros de diámetro con la exposición al sol mientras que en la oscuridad más completa se vuelven cuatro veces más grandes. Pero no sólo la luz y la oscuridad cambian el tamaño de las pupilas. Cuando vemos algo que nos excita, nuestras pupilas se dilatan más de lo normal en las condiciones de luz existente, mientras que si miramos algo desagradable disminuyen de tamaño. Estos movimientos están fuera de nuestro control y representan por lo tanto una clave válida para abrir la puerta de las emociones de la persona que tenemos delante.

Numerosas investigaciones han demostrado la validez de esta tesis que, por otra parte, es conocida tradicionalmente. En la China imperial, por ejemplo, los mercaderes de jade se habían convertido en los mayores compradores de las primeras gafas de sol, que en aquella época eran muy caras. Un periodista americano, interesado por este hecho, investigó sobre los motivos de estas compras y descubrió que los mercaderes de jade las utilizaban no porque sus ojos fueran particularmente delicados, sino para esconder a los avispados vendedores chinos la dilatación excitada e incontrolada de las pupilas cuando les ofrecían un jade particularmente precioso.

El lenguaje de la voz

Es verdad que una profundización consciente de la comprensión del lenguaje corporal puede en cierta manera cambiar la «descripción de la realidad». Después de haber aprendido a percibir las señales no verbales, a verbalizarlas y a interpretarlas, percibimos por decirlo de algún modo una realidad distinta, es como si tuviéramos un «tercer ojo» que nos permite conocer de forma anticipada lo que se nos dirá con las palabras. Pero todavía falta una parte importante que afecta al treinta y ocho por ciento de la comunicación eficaz: el «lenguaje de la voz», que se hace todavía más significativo cuando hablamos al teléfono o en situaciones en las que no podemos ver a nuestro interlocutor.

El tono

Nadie consigue hablar sin dar una cierta entonación a las palabras que dice, incluso el conversador más aburrido tendrá a veces entonaciones llenas de emoción o ironía.

A veces el tono se hace más importante que el contenido; lo confirma un joven *manager* que afirma: «Cuando mi superior directo me recrimina algo, yo sólo consigo oír el tono colérico con el que me acusa y no recuerdo para nada el contenido; me sucedía lo mismo cuando de pequeño mi padre me gritaba por culpa de las malas notas que tenía en la escuela».

La melodía

La forma en la que levantamos o bajamos la voz ofrece numerosas informaciones tanto del contenido como de la relación. Lea por ejemplo la siguiente frase en voz alta poniendo atención en la melodía y alzando el tono al leer las palabras en cursiva.

1. ¿Por qué sólo *treinta* y dos?
2. ¿Por qué sólo *treinta y dos*?

En las dos frases la voz se levanta de forma distinta en el momento de pronunciar el treinta y dos y esta variación modifica la melodía del discurso.

En el primer caso esto comporta modificaciones del contenido, es decir, se centra la atención en el número: *treinta* y dos y no, por ejemplo, *veinti*dós o *cuarenta* y dos.

En el segundo caso, en cuanto a la relación, ese acentuar *treinta y dos* puede indicar la presencia de una cierta irritación: «¿Por qué *sólo* treinta y dos?».

La velocidad

Se trata de un indicador importante del contenido: se ha demostrado ampliamente que las mayores velocidades se alcanzan cuando el sujeto que habla utiliza locuciones de uso muy corriente o clichés. En la práctica, si su interlocutor aumenta la velocidad del propio lenguaje significa que está diciendo cosas que conoce muy bien, lecciones ya aprendidas, discursos ya realizados. Es el caso de esos vendedores que intentan con escaso éxito vender por teléfono; dan siempre la impresión de hacer gala de sus propias frases e irritan a la persona que escucha, que al oír las palabras por primera vez no consigue seguirlas con la misma velocidad.

El que en cambio habla lentamente, o reduce el ritmo del discurso, está reflexionando sobre las informaciones que le está dando o, si está vendiendo algo, es un vendedor experto y desea concederle el tiempo para reflexionar sobre las informaciones que le está exponiendo de forma que pueda replicar dándole la posibilidad de cambiar, en caso necesario, las argumentaciones de venta.

Las pausas

Aunque las pausas parecen representar un vacío en cuanto al contenido, en realidad ofrecen toda una serie de informaciones a la persona que las sabe interpretar. Por lo tanto, es importante que ante una pausa nos preguntemos si significa que la otra persona está reflexionando, si estamos ante un momento de incomodidad, si ha sido distraída por algo o, incluso, si se trata de una invitación para intervenir en la conversación. Si no está seguro de haber entendido el verdadero significado de la pausa, haga preguntas a su interlocutor siguiendo las plantillas del lenguaje de precisión que ilustramos más adelante. Tenga siempre presente que una pausa contiene a menudo muchas más informaciones que un río de palabras dichas a gran velocidad.

El volumen

Si el volumen de la voz se eleva significa que su interlocutor probablemente habla de algo por lo que siente un gran interés y que incluso llega a ponerle agresivo, o también que puede estar enfadado.

Un volumen de voz bajo, con palabras o frases pronunciadas de forma indistinta revela factores emotivos.

Y para terminar este capítulo sobre el lenguaje del cuerpo recuerde, como dice Virginia Satir[3], que: «La vida no es la que debería ser. Es la que es. Es la manera con la que nos enfrentamos a ella la que crea la diferencia».

3. Célebre psicóloga que ha contribuido al desarrollo de la programación neurolingüística mediante sus estudios acerca de la excelencia en la comunicación.

EJERCICIO

Aprender el arte de reflejar el lenguaje de la voz, es decir, el tono, el ritmo, la velocidad, la melodía, es como aprender a tocar un instrumento musical. Al principio aparecen notas imprecisas y desentonadas, luego con la práctica la música toma forma y armonía. Para que el oído se acostumbre a desarrollar una habilidad en particular en la comprensión de los demás tiene que «escuchar de forma distinta» de como lo ha hecho hasta ahora. La forma más fácil es sintonizarse con un programa radiofónico, grabarlo y anotar todas las señales que le pueden ser útiles. Por ejemplo «habla de forma agresiva», «hace una pausa para permitir que el huésped intervenga», «ha cambiado el volumen de la voz que ahora es más alto».

Practicar de esta forma le ayudará a percibir conscientemente incluso los matices más sutiles de la voz de quien le habla.

CUESTIONES IMPORTANTES

- *Tenemos que saber leer el lenguaje del cuerpo: las palabras inciden sólo en un siete por ciento sobre el contenido de la comunicación eficaz, mientras que el resto se deja al lenguaje del cuerpo y de la voz.*

- *Muchos de nuestros gestos se realizan a nivel inconsciente: cuanto más intensamente entren en juego los sentimientos, más acentuada será la gestualidad.*

- *Antes de interpretar un gesto, incluso el más común, es necesario conocer los vínculos sociales y el contexto cultural del lugar en el que se realiza.*

- *La persona que miente asume a menudo movimientos con el cuerpo o microexpresiones de la cara que pueden revelar el momento del paso de la verdad a la mentira.*

- *Incluso en la cara más controlada e inexpresiva, la mirada da señales muy precisas a quien sabe captarlas.*

El lenguaje refleja la mente humana

Los filtros del lenguaje para pasar de la estructura profunda a la estructura superficial

Parece el viejo y conocido problema del huevo y la gallina y, en algunos aspectos, lo es, pero en otros es en cambio el «problema de los problemas»: «¿Pienso porque soy o soy porque pienso?». Evidentemente si no fuera no podría pensar pero si no pensara me perdería en la nada y no sería.

¿Qué función desempeña el lenguaje en la formulación del pensamiento? Nos encontramos ante un laberinto en el que podemos llegar a perdernos, para reencontrarnos luego en los páramos inútiles y desolados del «nunca» y del «luego» y alcanzar exhaustos y desmotivados el «país de los absurdos».

Es mejor acercarse a todo esto desde una posición perceptiva distinta; es mejor acercarse a las teorías de los maestros del generativismo, de la lingüística transformacional; mejor estar de acuerdo con Noam Chomsky, que afirma muy sencillamente que «el hombre es un ser que piensa y expresa sus pensamientos a través del lenguaje, que es el espejo de la mente humana», precisando que «estudiar el lenguaje significa indagar sobre la naturaleza de la mente y del pensamiento».

Noam Chomsky, nacido en la vieja y aristocrática Filadelfia en el año 1928, ha sido el primero en desarrollar el estudio de la lingüística haciendo de ella una ciencia en la que convergen disciplinas como la filosofía y la psicología. Profesor de lingüística en el famoso MIT (Massachusetts Institute of Technology) de Boston ha elaborado las teorías de la lingüística generativa, donde *generativo* significa «explícito». Ha creado una metodología y un conjunto de modelos formales para las lenguas naturales analizando la forma y el significado de las diversas expresiones lingüísticas. Ha reconocido como fundamental —para la comprensión del pensamiento— el paso que el lenguaje realiza de la estructura profunda, que contiene la representación completa de la experiencia, a la estructura superficial, que representa el lenguaje escrito y hablado.

En la práctica, cuando las personas hablan, muy a menudo describen con pequeños detalles lo que en la estructura profunda de su mente se representa de forma completa y detallada con imágenes, sonidos, sensaciones y referencias a lugares, personas, cosas y comportamientos específicos. En la estructura profunda se encuentra la «descripción completa de la experiencia» mientras la «forma», es decir las palabras que se escogen para representarla, permanece en la estructura superficial.

Cuando pasamos de la estructura profunda a la estructura superficial, de forma automática e inconscientemente realizamos una serie de elecciones (transformaciones) sujetas a tres filtros lingüísticos a través de los cuales *generalizamos, cancelamos* y *distorsionamos* una parte de nuestras experiencias. Nuestro sistema nervioso nos protege de esta forma de esa masa de informaciones que recibimos cada día, algunas útiles y deseadas y otras completamente superficiales y accidentales[4].

Pongamos un ejemplo para simplificar estos conceptos: cuando decimos «la máquina se construyó» partimos de palabras que indican la representación de la estructura superficial. La representación de la estructura profunda será: «En el pasado se construyó la máquina de alguien con algo». Además de estas informaciones, en la estructura profunda se encuentran las sensaciones, imágenes, sonidos y olores relacionados con nuestra imagen interna de esa máquina en particular. En la práctica es necesario buscar en la propia experiencia subjetiva referencias precisas relacionadas con el propio mapa del mundo.

Anticipamos que para reunir el significado de la estructura superficial con el significado rico y detallado de la estructura profunda se utiliza un modelo lingüístico, una plantilla de preguntas específicas elaboradas por Grinder y Bandler. Se trata del modelo que ilustraremos más adelante.

Por ahora trataremos de forma más precisa los tres filtros lingüísticos, generalización, cancelación y distorsión, recordando que todos tenemos un canal representacional preferido y un filtro lingüístico que utilizamos más a menudo.

---

4. Aconsejamos a los lectores interesados en profundizar en este argumento la lectura del ensayo *El conocimiento del lenguaje*, de Noam Chomsky, Alianza Editorial, 1989.

La generalización

La generalización es ese proceso a través del cual elementos del modelo del mundo de una persona se separan de la experiencia original y representan toda la categoría de la que la experiencia es sólo un ejemplo. Este proceso explica, en parte, cómo se produce el aprendizaje. Muchos «nuevos comportamientos», por ejemplo, están compuestos por unidades obtenidas de comportamientos ya experimentados con anterioridad que son similares a los nuevos. De esta forma, es más fácil y rápido aprender un comportamiento nuevo cada vez que se compara con una variación del original.

Las generalizaciones pueden ser útiles pero también perjudiciales. Pongamos un ejemplo para aclarar este concepto: supongamos que un niño, Matías, la primera vez que se sienta en una mecedora se desequilibra y cae. Matías puede crear una regla por sí mismo que dice: «Todas las mecedoras son peligrosas, es mejor evitar sentarse en ellas». Si el niño identifica todas las sillas con las mecedoras puede, por exceso, decidir no sentarse sobre ninguna silla por miedo a caer.

En cambio Juan, otro niño, no generaliza y crea la regla siguiente: «Ten cuidado en no desequilibrarte cuando te sientes en una mecedora», y como consecuencia tendrá un modelo del mundo más variado y con más posibilidades de elección.

Muchas veces los adultos hacen generalizaciones debidas a sus experiencias personales. Nos acordamos de un colaborador que trabajando muy estrechamente con un grupo de suecos, esquivos y reservados, había generalizado el concepto de que «expresar los propios sentimientos es negativo». Esto le era muy útil en su controlado contexto de trabajo de tipo nórdico, mientras que era perjudicial con su exuberante mujer siciliana que, acusándolo de ser demasiado frío, al final lo dejó. Esta generalización había limitado de hecho sus potencialidades afectivas. La realidad es que cada regla es útil o no según el contexto en el que se manifiesta.

La cancelación

El sistema nervioso central está atravesado por más de dos millones de informaciones cada segundo. Es evidente que si la mente utilizara cada pequeña información, la comunicación se haría larga y difícil. Por lo tanto, es necesario centrar de forma selectiva la atención sobre ciertas dimensiones de la experiencia y cancelar otras.

Puede tratarse de un proceso positivo, cuando por ejemplo se estudia o se trabaja de forma intensa y se borra todo lo que sucede alrededor de nosotros evitando de esta forma cualquier posible distracción.

Pero también puede ser la fuente de graves malentendidos porque supresiones patológicas, creadas por la mente según el modelo del mundo, impiden percibir a veces incluso los más obvios confines de la realidad. Un ejemplo de supresión a la que todos hemos más o menos asistido personalmente o a través de películas y libros es lo que el sociólogo Alberoni llama el «estado naciente», es decir, la primera fase del enamoramiento. El enamorado se ve arrastrado a infravalorar los lados negativos de la persona que está en el centro de su mundo, a enfatizar los parecidos y borrar las diferencias, a no considerar esas porciones de realidad que contrastan con sus sentimientos. Lo saben muy bien esas mujeres cuando, después de treinta años de matrimonio más o menos feliz, el marido sesentón, atraído por una joven y guapa jovencita que acaba de conocer, dice: «Me he enamorado. Ella sí que es igual que yo. Exijo mi libertad. Nuestra vida ha sido siempre un infierno», borrando los felices momentos pasados en familia, el brillante regalado con una tarjetita muy tierna por el reciente aniversario de matrimonio y las divertidas vacaciones pasadas con los amigos de siempre.

Se trata de situaciones difíciles de vivir, pero los que saben que cada individuo crea un modelo distinto del mundo incluso a través de involuntarias supresiones podrán afrontar las situaciones más escabrosas con comprensión, empatía y positividad.

La distorsión

Se trata de un proceso a través del cual realizamos cambios en nuestra experiencia. Se trata del procedimiento que ha hecho posibles muchas creaciones artísticas del hombre. Un cielo como el que se representa en un cuadro de Van Gogh es posible sólo porque Van Gogh ha conseguido distorsionar su percepción del tiempo y del espacio. También una gran novela o un descubrimiento revolucionario de la ciencia implican la capacidad de deformar o desnaturalizar la realidad actual.

En la vida de todos los días se distorsiona la realidad cada vez que se anticipa con la fantasía un acontecimiento futuro. Un sencillo ejemplo es el del orador que cuando ensaya solo su futuro discurso deforma la realidad presente y se proyecta al momento en el que el público aplaudirá, criticará o comentará su intervención.

Con la misma técnica se puede también limitar la riqueza de la propia experiencia, la capacidad de acción, y aumentar el potencial de sufrimiento. Un individuo que en algún periodo de la vida ha sido rechazado puede imaginar por ejemplo que «no es digno de amor» y, puesto que en su modelo del mundo existe esta generalización, distorsiona los mensajes de afecto que recibe y los interpreta como falsos. Seguramente le habrá sucedido también a usted encontrar personas que responden a los cumplidos más afectuosos con tono agresivo pronunciando la fatídica frase: «Me sonríes porque quieres algo de mí». Siguiendo este filón se pueden encontrar numerosos ejemplos de conocidos que se consideran desafortunados pero que en realidad hacen todo lo que pueden para distorsionar la realidad y confirmar su convicción negativa.

De forma intuitiva el famoso escritor Mark Twain hace que su personaje diga lo siguiente: «La vida no consiste —sobre todo y ni siquiera en gran parte— en acontecimientos y hechos. Consiste sobre todo en la tormenta de pensamientos que arrecia sin descanso en nuestra mente».

Los modelos secretos de la comunicación: aprendamos a conocerlos

«No conocemos las cosas en sí mismas, sólo nuestras ideas sobre ellas», afirma Bateson precisando que existe una diferencia sustancial entre la «realidad» y los «modelos de la realidad», aunque se tienda a actuar siguiendo el presupuesto «de que un objeto y su nombre son lo mismo». Esto pone en evidencia otra vez que «el mapa no es el territorio», que los modelos o los mapas del mundo que construimos a través de los canales sensoriales y el lenguaje no corresponden al propio mundo sino a nuestras representaciones individuales.

Un ejemplo. La palabra *gato* suscita en nuestra vital y espabilada prima Paula la imagen interna de su gato negro, curioso y meloso, que se llama *Brighella*, muy distinta de la imagen que tienen nuestros amigos napolitanos cuando recuerdan a *Brighella*: «un gato negro que, maullando de forma amenazante, apareciendo de la nada en el camino del jardín, pasó como una flecha delante de ellos en una lluviosa noche de invierno provocándoles siete largos años de mala suerte».

El objetivo de los que investigan los fenómenos humanos es el de intentar encontrar, por lo menos en parte, las secuencias, modelos y esquemas que existen escondidos en las mentes y en los aparatos sensoriales de los hombres. Estos sistemas no pueden descubrirse utilizando máquinas o instrumentos de precisión, sino sólo aplicando modelos de tipo científico. Bandler y Grinder, partiendo del hecho de que, como dice Bateson, «la ciencia, la religión, el comercio y la guerra se basan en presupuestos que se demuestra que funcionan y que por lo tanto están considerados como válidos y dignos de ser desarrollados», han elaborado un modelo de los modelos, es decir, un metamodelo que nos permite explorar a través de una serie de preguntas las diferencias que existen entre lo que las personas experimentan (el territorio) y cómo a través del lenguaje dan significado a estas experiencias (el mapa del mundo).

El metamodelo, explicado en el libro *La estructura de la magia* de Bandler y Grinder, sirve para unir el lenguaje con la experiencia, es decir, la estructura superficial del lenguaje con la profunda. Los dos autores, a través del análisis de la sintaxis o forma de la estructura superficial (que recordamos está representada por el lenguaje escrito o hablado) proporcionan una práctica y sencilla plantilla de preguntas de forma que se obtenga una descripción más rica y detallada de la estructura profunda (que como sabemos contiene la representación completa de la experiencia).

Hay tres momentos en una comunicación eficaz:

Reunir más informaciones: cuando se exploran porciones específicas de la experiencia del que habla que faltan en la estructura superficial pero que están presentes en la estructura profunda.

Ampliar los límites: nada es bueno o malo, lo que hace que lo sea es el pensamiento. A menudo los límites y los vínculos que viven y sufren algunos se imponen, destacan de sus estructuras lingüísticas.

Las preguntas colocadas en esta parte del metamodelo se han elaborado para ayudar a la persona que habla a definir y luego ampliar los límites de su propio modelo del mundo. Vivir en un mundo donde existe más posibilidad de elección significa ser consciente, como dice un antiguo proverbio japonés, de que: «Es posible permanecer quieto en un río que fluye, pero no en el mundo de los hombres».

Cambiar los significados: esta última sección del metamodelo ayuda a identificar las frases mal formadas desde el punto de vista semántico, a cambiar el significado recuperando las partes de la estructura profunda que, al estar de alguna manera variadas o borradas, empobrecen la visión del mundo de nuestro interlocutor.

Reunir más informaciones

FALTA DE ÍNDICE REFERENCIAL

En este contexto se denomina *índice referencial* o *sujeto concreto conocido* a la persona o a la cosa que hace o recibe la acción del verbo. Cuando falta el índice referencial en la estructura superficial significa que la persona que habla ha generalizado, borrado o variado una información de la estructura profunda. A través de las preguntas del metamodelo se recuperan los pedazos que faltan del lenguaje de nuestro interlocutor.

Índice referencial suprimido o generalizado

Cuando escucha una frase en la que el índice referencial no está explícito significa que tiene que pedir más informaciones. Aclarar el índice referencial le ayudará a identificarse con la experiencia específica del que habla.
Estos son algunos ejemplos.

«Es necesario cambiar las reglas del juego».
Esta frase no permite acceder a la experiencia vivida de la persona que tiene delante; por lo tanto, es necesario indagar preguntando: «¿Quién de forma específica tiene que cambiar las reglas del juego?».

Francisco a Luis: «Dicen que esta es una buena elección».
Luis a Francisco: «¿Quién específicamente dice que esta es una buena elección?».
Francisco a Luis: «Pues lo dijo mi jefe ayer por la mañana durante la reunión con los vendedores».

Índice referencial no especificado

Se produce cuando no se nombra a una cosa o a una persona de forma específica. Palabras como *esto* o *aquello* indican que existen informaciones que faltan. Es interesante saber que a veces estas informaciones no son conocidas, a nivel consciente, por la persona que habla. En estos casos, cuando se indaga se crea una relación constructiva porque se ayuda al propio interlocutor a reunirse con su estructura más profunda.

Por ejemplo, si su interlocutor dice: «Esto no funciona», usted pregunta: «¿Qué es lo que no funciona?», y la respuesta es: «No lo sé», no debe dudar y debe insistir preguntando: «¿Cómo es que no lo sabes?».

Índice referencial variado

Se produce cuando la persona que habla se indica como el que recibe la acción del verbo.

Frases como «nadie se ocupa de mí» las utilizan a menudo personas deprimidas que rechazan posiciones de responsabilidad personales y que han dado a otras personas el poder de actuar en su lugar. Consideran lo que les sucede como algo acabado.

Las preguntas que se tienen que hacer son: «¿Nadie? ¿Ni siquiera tú?».

El famoso terapeuta gestalt Fritz Perls llamaba a este esquema lingüístico «proyección». Pedía a sus pacientes que se convirtieran en agentes de la frase y asumieran su responsabilidad.

NOMINALIZACIÓN

Desde un punto de vista lingüístico la nominalización es el cambio de un «proceso» que se produce en la estructura profunda a un «evento» situado en la estructura superficial.

En otras palabras, es el cambio de un verbo de proceso que es activo en el tiempo a un nombre, a menudo abstracto. La identificación de las nominalizaciones tiene el objetivo de ayudar a la persona que tenemos delante a conectar de nuevo su modelo lingüístico con el proceso dinámico que actúa en la vida.

Nuestro objetivo, como siempre, es el de entender el verdadero significado que nuestro interlocutor atribuye a las propias palabras para comunicar de forma ganadora.

Muchas veces, la persona que está acostumbrada a utilizar nominalizaciones tiene la sensación de vivir atrapado en un mundo en el que los eventos no se pueden cambiar desviando de esta forma la realidad.

Pongamos un ejemplo: «La decisión es final».

En esta frase la palabra *decisión* representa una nominalización. El verbo *decidir* se ha cambiado por un nombre abstracto. En este caso parece que la persona no pueda volver sobre sus propios pasos y que la decisión sea realmente definitiva. Para entender si esto es verdad o no, es necesario volverse a juntar con la estructura profunda. Se cambia el nombre abstracto por un verbo, como en las preguntas indicadas a continuación, que ayudan a su interlocutor a vivir experiencias basadas en el mundo sensorial: «¿Quién decide?», «¿Sobre qué decide?», «¿Cuándo decide?», «¿Dónde decide?», «¿De qué forma específica decide? ¿Con sus propios ojos, es decir, viendo, o escuchando, oliendo, gustando o con otras sensaciones específicas?».

Para saber si nos encontramos ante un proceso de nominalización, es suficiente verificar si las palabras que se identifican como nombres pueden tocarse, desplazarse o colocarse en un carro imaginario como objetos concretos. Por ejemplo, podemos tocar o desplazar una silla, una mesa, un niño, mientras que no podemos hacerlo con palabras como decisión, amor y gratitud. Otra verificación que se puede hacer es insertar el nombre abstracto en el espacio vacío de una frase formada como sigue: «Un/una... en curso». No podemos colocar nombres concretos sin formar una frase que no suena: «una silla en curso», mientras que suena bien con un nombre abstracto: «una decisión en curso».

EJERCICIOS

Hágase una imagen visual de las siguientes palabras. Por cada una compruebe si puede tocarla o desplazarla o no. Aprenda a identificar de esta forma las nominalizaciones.

Tengo muy buenas intenciones.
Tengo muchos caramelos.

Espero un telegrama.
Espero una gran emoción.

He perdido mi libro.
He perdido la paciencia.

Los tigres me asustan.
El amor me asusta.

Necesito comida.
Necesito afecto.

Lea las siguientes frases y decida qué palabras son nominalizaciones, cámbielas por el gerundio del verbo del que derivan y platee las preguntas apropiadas. Ejemplo: «Mi vida es un fracaso»; identifique la nominalización «fracasar»; cámbiela por el gerundio «fracasando»; plantee las preguntas: «¿De qué forma específica estás fracasando? ¿Me lo puedes describir basándote en el mundo de los sentidos, es decir, viendo la situación como si fuera la escena de una película?».

1. El mío es un gran amor.
2. Es una decisión equivocada.
3. Nuestras intuiciones son justas.
4. El conocimiento es importante.
5. ¿Puedes tener pensamientos sin razonamiento?

Verbos no especificados

Los verbos no especificados son verbos que en una frase no proporcionan la completa descripción de la acción en curso, o no indican qué sistema representacional está utilizando la persona que tenemos delante.
Pongamos un ejemplo.
Un director comercial pide a su joven asistente, que acaba de contratar, que «prepare con gran urgencia un informe sobre la marcha de las ventas»; la respuesta es la siguiente: «Bien, en una hora lo podrá tener».
El director comercial se admira de la rapidez en la recopilación de las informaciones.
Después de una hora, el asistente vuelve con un informe lleno de errores y gráficos realizado rápidamente en el ordenador utilizando la base de datos de la empresa. El director comercial está desilusionado, se esperaba de hecho un informe escrito lleno de metáforas, anécdotas, ejemplos, analogías, para utilizar como base para una intervención en la reunión con los *manager*.
Malentendidos y pérdidas de tiempo se podían haber evitado con una sencilla pregunta: «¿De qué manera específica desea que le prepare este informe?».

EJERCICIO

En este ejercicio le ofrecemos verbos que no dan una indicación precisa sobre cómo se representa la persona de forma completa la acción sobre la que habla. Utilice el metamodelo para pedir tanto «de qué forma específica se produjo» como para tener una descripción precisa de los canales sensoriales utilizados en esa experiencia.

1. Mi jefe me hace siempre daño.
2. Mi colega me aburre.
3. Quiero controlar la situación.
4. Me ignoran.
5. Luisa me rechaza.

Ampliar los límites, eliminar los prejuicios y las preferencias

OPERADORES MODALES

«Poder», «ser posible», «se puede», «no se puede», «capaz de» o «no capaz de» son operadores modales de posibilidad; «deber», «ser preciso» o «ser necesario» son operadores modales de necesidad. La presencia de estas palabras señala en la estructura de la persona que habla vínculos en el modelo del mundo debidos a menudo a convicciones limitantes o generalizaciones. En la práctica, la persona que habla piensa que existen hechos más allá de su propia capacidad de intervención o esfera de influencia. Puede tratarse de percepciones momentáneas o de verdaderas fantasías catastróficas. Las preguntas del metamodelo ayudan a encontrar las causas y a identificar los orígenes.

Cojamos como ejemplo la frase «Debería ser más amable con mi jefe». La pregunta apropiada del metamodelo es: «¿Qué piensas que sucedería si no fueras más amable con tu jefe?», o «¿Quién te prohíbe ser...?», o de forma más amable: «Me preguntaba si me ibas a querer decir qué sucedería si...», «me gustaría conocer...».

O, en otro ejemplo: «No puedo hacer este trabajo». La pregunta sería: «¿Quién te prohíbe hacerlo?» o «¿Qué sucedería si lo hicieras?».

CUANTIFICADORES UNIVERSALES

Los cuantificadores universales son palabras como *siempre, nunca, nadie, todos*, que demuestran certezas absolutas de parte de la persona que habla. A menudo son fruto de generalizaciones o cancelaciones debidas a experiencias precedentes. Con el metamodelo se pide a quien habla si conoce alguna contradicción en su modelo del mundo, se le induce a encontrar ejemplos distintos de los utilizados, a explicar el origen de sus propias certezas.

TÉRMINOS DE COMPARACIÓN

Cuando nos encontramos ante un exceso de términos de comparación (como *demasiado, mejor, muy poco*, etc.) a menudo se presenta un salto de nivel lógico entre la estructura superficial y la estructura profunda de la persona que habla. Las preguntas del metamodelo que pretenden descubrir cuáles son los términos de comparación suprimidos ayudan a entender lo que realmente quiere decir la persona que se tiene delante y a elaborar ejemplos que reflejen su completo modelo del mundo.

EJERCICIOS

Se pueden hacer estos ejercicios por parejas. Hagan por turnos afirmaciones relativas a los operadores modales, a los cuantificadores universales y a los términos de comparación.

Operadores modales

1. No puedo hacer este ejercicio (búsqueda de la causa: «¿Qué es lo que te lo impide?», «¿qué sucedería si lo hicieras?»).

2. No puedo irme (búsqueda de la causa: «¿Quién te lo prohíbe?»).

3. No puedo hacer este viaje (búsqueda de la «previsión catastrófica»: «¿Qué sucederá si lo haces?»).

4. Tengo que creer en ti («¿Qué te sucedería si no lo hicieras?»).

Cuantificadores universales

1. No jugaré más (búsqueda del resultado: «¿Qué sucedería si lo hicieras?»).

2. Para estar segura lo controlo siempre (búsqueda del contraejemplo: «¿Alguna vez no lo has controlado, por lo menos una vez?»).

3. Mi jefe no ha hablado nunca de este problema (búsqueda de la exageración: «¿Estás completamente seguro? ¿Nunca, nunca?»).

4. No hay nada que añadir («¿Estás seguro? ¿Cómo lo sabes?»).

5. No hago nunca nada bien («Intenta pensar en alguna vez en la que hayas hecho algo justo»).

Términos de comparación

1. Es demasiado comprometido (búsqueda del término de comparación: «¿Demasiado comprometido respecto a qué?»).

2. Esta estrategia es poco eficaz (búsqueda de otro ejemplo: «¿Poco eficaz comparándola con qué?»).

3. Es más inteligente («¿Más inteligente respecto a quién?»).

4. Mi perro es el mejor («¿El mejor comparándolo con cuál?»).

5. Es la mejor película de la temporada («¿Mejor respecto a cuáles?»).

Cambiar los significados, no dar nunca nada por descontado

LECTURA DE LA MENTE

Esto sucede cuando se cree conocer lo que nuestro interlocutor está pensando. Cuando se dice, por ejemplo, «todos lo sabéis», se parte del presupuesto de saber lo que los demás tienen en su mente. A menudo está implícita una forma de «causa-efecto» porque se piensa que algo ha provocado el comportamiento del que se habla.

Un ejemplo: «Mi forma de hablar os ayuda a relajaros». Estamos ante una forma de «causa-efecto» basada en el presupuesto de una «lectura de la mente» que «lo que yo siento lo sentís también vosotros». Se trata en definitiva del presunto conocimiento del estado interior de una persona.

Otro ejemplo en el que la lectura de la mente es todavía más evidente lo encontramos en el siguiente diálogo:

Juana a Mario: «Yo no te gusto».
Mario a Juana: «¿Cómo sabes que no me gustas?»
Juana a Mario: «No me miras nunca a los ojos».

Mario, al buscar con el metamodelo cómo ha llegado Juana a imaginar que «no le gusta» ha descubierto una equivalencia compleja, es decir, que para Juana «mirar a los ojos significar gustar».

Otro caso de lectura de la mente es cuando una persona presume de saber lo que está pensando o sintiendo la persona que tiene delante, como en el siguiente ejemplo:

Juana dice a Mario: «Sé lo que te conviene».
Mario pregunta: «¿Cómo puedes saber lo que me conviene?».

También en este caso la respuesta puede reservar sorpresas y dar a Mario nuevas claves para abrir las puertas más secretas de la mente de Juana.

Un consejo: no dar nunca nada por descontado.

CAUSA Y EFECTO

Parte del presupuesto de que una acción o una expresión o una palabra puedan causar a otra persona la experiencia de una emoción o de un estado interno particular. La persona que advierte estos sentimientos se expresa como si no tuviera elecciones o recursos personales, como en estos ejemplos: «Mi jefe me hace estar enfadado», o «Sus carcajadas me hacen volver neurasténico». El metamodelo sugiere preguntar «¿Cómo sabes que tu jefe te hace estar enfadado?», o «sus carcajadas te hacen volver neurasténico? ¿Alguna vez no ha sucedido?». Se busca de esta forma un contraejemplo o una equivalencia compleja.

EQUIVALENCIA COMPLEJA

Se verifica cuando dos experiencias se interpretan como sinónimas. A menudo está unida a la lectura de la mente en cuanto existe el presupuesto de conocer lo que el otro está pensando, como en la frase ya citada: «No me mira nunca a los ojos y por lo tanto no le gusto» donde se encuentra la equivalencia compleja de que «mirar a los ojos es igual a no gustar».

Otro ejemplo es la frase coloquial que quizá ya haya escuchado: «Está siempre gritándome porque me odia»; *gritar* pasa a ser sinónimo de *odiar*. En este caso, para recuperar el significado de la estructura profunda es necesario primero verificar si la generalización expresada es siempre verdadera: «¿Su grito significa siempre que te odia?», «¿alguna vez te ha gritado pero no te odiaba?» y luego desplazar el índice referencial cambiando las posiciones perceptivas: «¿Has gritado alguna vez a alguien sin odiarlo?», «¿todas las personas que gritan odian?». De esta forma se recupera la equivalencia compleja induciendo al interlocutor a hacer un contraejemplo o a cambiar el índice referencial.

PERFORMATIVO AUSENTE

Se verifica cuando una persona expresa un juicio pero no especifica cuáles son los criterios que aplica. Por ejemplo: «Es estúpido», o «es malo», o «es egoísta». Se encuentra el performativo ausente preguntando: «¿Quién ha dicho que es estúpido, o malo, o egoísta?», o «¿Estúpido, malo, egoísta respecto a qué cosa o a quién?».

Normalmente estas frases, que no tienen lazos de unión aparentes con la persona que habla, reflejan una generalización del modelo del mundo. El metamodelo aconseja también inducir a la persona que habla a decir: «yo digo que..» o «pienso que...»; buscando la fuente de la creencia se ayuda a nuestro interlocutor a elaborar nuevas estrategias.

EJERCICIOS

Estos ejercicios deben realizarse en parejas. Uno lee una frase mientras el otro hace la pregunta del metamodelo a la que el primero responde dándose cuenta personalmente de cómo las respuestas cambian el significado de la experiencia descrita.

Lectura de la mente

1. Sé lo que le hace ser feliz.
Pregunta: «¿Cómo lo sabes?».

2. Si lo hubiera sabido no habría estado contento.
Pregunta: «¿Cómo habría podido saber?».

3. No les gusto.
Pregunta: «¿Cómo sabes que no les gustas?».

4. Lo siento, te estoy aburriendo.
Pregunta: «¿Cómo sabes que me estás aburriendo?».

Causa y efecto

1. Mi familia me vuelve loco.
Pregunta: «¿Cómo consiguen hacerte volver loco?».

2. Mi hermano se ha deprimido después de hablar con mi padre.
Pregunta: «¿Hablar con tu padre le ha deprimido?».

3. Cuando sonríe me hace sentir confundido.
Pregunta: «¿Su sonrisa te hace sentir confundido?».

4. Me siento mal porque la he hecho llorar.
Pregunta: «¿Qué has hecho para estar convencido de haberle hecho llorar?».

5. Su negativa a escucharme me hace estar triste.
Pregunta: «¿Su negativa te hace sentir triste?».

Equivalencia compleja

1. Juan me mira porque está enfadado conmigo.
Pregunta: «¿Cómo explicas que si Juan te mira es porque está enfadado contigo? ¿Cada vez que Juan mira a alguien es porque se está enfadando con esa persona?».

2. Mi colega, Luis, no trabaja porque está desmotivado.
Pregunta: «¿Cómo sabes que cuando Luis está desmotivado no trabaja? ¿Todos los que están desmotivados no trabajan?».

3. A partir de la oferta que me ha hecho he entendido que ya no me aprecia.
Pregunta: «¿El hecho de hacerte una oferta significa que ya no te aprecia? ¿Has ofrecido algo a alguien alguna vez incluso si no lo apreciabas?».

4. No me soporta, cada vez que me ve cambia de acera.
Pregunta: «¿El hecho de que cambie de acera significa que no te soporta? ¿Cada vez que te encuentras a alguien que no soportas cambias de acera?».

Performativo ausente

1. La gente debería saberlo.
Pregunta: «¿Para quién es verdad que la gente...?».

2. El fracaso es una parte necesaria del sistema.
Pregunta: «¿Necesaria para quién? ¿Quién lo dice?».

3. Hacer algo así es estúpido.
Pregunta: «¿Cómo sabes que lo es? ¿Quién dice que es algo estúpido?».

4. ¡No es importante!
Pregunta: «¿No es importante para quién? ¿Es una convicción personal tuya que no sea importante? Intenta decir: "Tengo la certeza de que no es importante"».

Conclusión

Para aprender a utilizar el metamodelo es necesario aplicarse y tener constancia. Le aconsejamos leerlo y releerlo, practicar hasta que la competencia consciente se vuelva inconsciente alcanzando un elevado grado de automatismo. Las personas que han practicado un arte marcial saben de lo que estamos hablando. Para compararlo con una experiencia más común, piense en el proceso de aprendizaje a través del cual ha aprendido a conducir un coche. Al principio se centraba en una única operación cada vez: marcha, dirección, freno y a su secuencia de uso. Practicando asimiló estas operaciones, a nivel inconsciente las coordinó y con el tiempo se han hecho automáticas y espontáneas. Lo mismo sucederá con el metamodelo que le abrirá nuevas fronteras y horizontes inesperados en la comprensión de la persona que está cerca de usted.

Una última cosa, pero no en orden de importancia, es que cuando se plantean las preguntas del metamodelo tiene que demostrar interés más que curiosidad: la curiosidad, aunque involuntariamente, en algunos casos puede llegar a «entrometerse», pero el interés no. La diferencia entre las dos actitudes o modalidades de acercamiento se encuentra en la relación que se construye con una buena calibración, un fiel reflejo y una guía positiva.

CUESTIONES IMPORTANTES

- *El lenguaje es el espejo de la mente humana, estudiar el lenguaje significa investigar sobre la naturaleza de la mente y del pensamiento.*

- *Hablando ponemos en marcha una serie de elecciones sujetas a tres filtros lingüísticos a través de los cuales generalizamos, borramos y desviamos una parte de nuestras experiencias.*

- *Para juntar el significado de la estructura superficial del lenguaje con el rico y detallado de la estructura profunda de la experiencia se utiliza un modelo lingüístico, una plantilla de preguntas específicas que nos permite explorar las diferencias entre las experiencias (el territorio) y cómo, a través del lenguaje, les damos su significado (el mapa del mundo). Es necesario practicar hasta que la competencia consciente en el uso de este modelo se vuelve inconsciente, alcanzando un elevado grado de automatismo.*

Emociones: conocerlas para utilizarlas

En una antigua leyenda japonesa se habla de un guerrero samuray que desafió a un bonzo pidiéndole que explicara los conceptos de paraíso y de infierno. El monje replicó con desprecio: «Eres un maleducado. ¡No puedo perder mi tiempo con gente como tú!». Ofendido en su honor, el samuray desenvainó la espada mientras gritaba: «Podría matarte por tu impertinencia». «Exacto —replicó el monje—, este es el infierno». Reconociendo que el maestro decía la verdad sobre la cólera que lo había invadido de imprevisto, el samuray se calmó. Se arrodilló dando gracias al monje por la lección. «Y esto —dijo entonces el bonzo— es el paraíso».

Infierno o paraíso para el sabio japonés son también dos formas concretas de ser y de reaccionar en un mundo en el que muchas de las dificultades derivan muy a menudo de problemas emotivos y afectivos y no de factores racionales.

No es posible negar que cuando nos vemos afectados por grandes emociones perdemos el control y nos volvemos peligrosos para nosotros mismos y para los demás. Cuando, en cambio, se consigue dominarlas puede enriquecerse la propia alma y adquirir nueva fuerza y vitalidad. Infierno y paraíso, exactamente igual que la leyenda del samuray japonés. Médicos, filósofos y sociólogos han estado siempre interesados en los misterios del cerebro e intentan descubrir las relaciones entre emociones y racionalidad. Pero hasta hace unos pocos años era imposible para los investigadores accionar las palancas principales de la búsqueda, que consisten en observar y en experimentar el funcionamiento del cerebro mientras intenta producir ideas, sueños, pensamientos y emociones. Actualmente se han abierto fronteras inesperadas. En el nuevo milenio se alcanzarán y se superarán horizontes que actualmente todavía están lejos y son misteriosos e impenetrables.

Nuestras emociones tienen una mente

A finales de la década de los ochenta, nuevas máquinas como la de resonancia magnética nuclear y la tomografía de emisión de positrones han permitido observar el cerebro en actividad. Estas observaciones realizadas tanto sobre seres humanos como sobre animales indican que las emociones primarias dependen de los circuitos del sistema límbico, en primer lugar la amígdala y el congolato anterior. Del papel de la amígdala se han ocupado varias investigaciones realizadas por famosos científicos como Pribram, Weiskrantz, Aggleton y Paul Ducy. Este último ha demostrado que la extirpación quirúrgica de la parte de lóbulo temporal que contiene la amígdala da origen a indiferencias afectivas.

Recientemente, numerosos científicos, gracias a estas investigaciones, han llegado a la conclusión de que es precisamente la amígdala la que está especializada en las cuestiones emocionales.

La amígdala (que deriva del griego y significa almendra) está representada por un grupo de estructuras interconectadas (precisamente en forma de almendra) colocadas encima del tronco cerebral, cerca de las paredes inferiores del sistema límbico.

Presentamos un dibujo que le ayudará a identificarla.

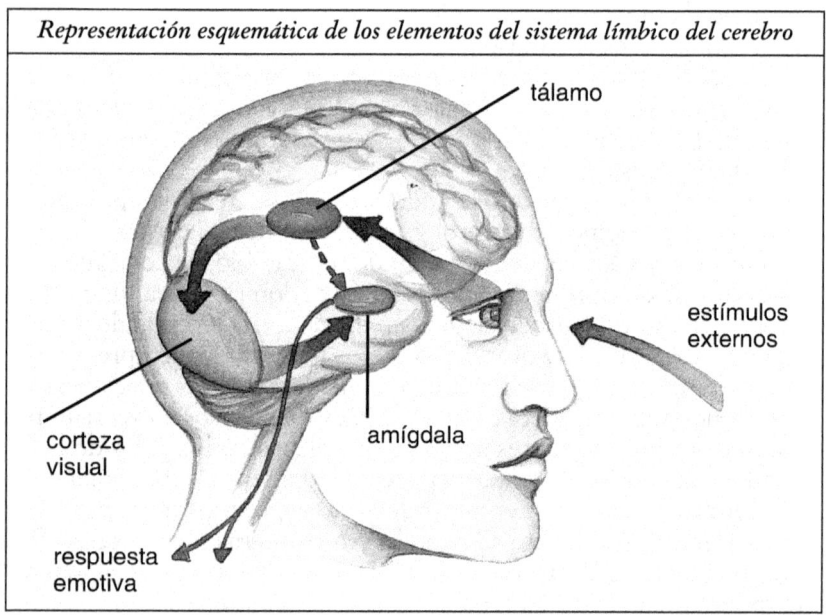

Representación esquemática de los elementos del sistema límbico del cerebro

Joseph LeDoux, neurocientífico que ha descubierto el papel clave de la amígdala, ha demostrado que consigue mantener el control sobre nuestras acciones incluso cuando el cerebro pensante (la neocorteza) todavía no ha formulado un esbozo de decisiones. En síntesis es precisamente la actividad de la amígdala y su interacción con la neocorteza el centro de la inteligencia emotiva.

Daniel Goleman, psicólogo y periodista del *New York Times*, en su reciente ensayo *Inteligencia emotiva*, que resume las investigaciones más avanzadas de los neurocientíficos, precisa que el hipocampo —considerado durante mucho tiempo la estructura clave del sistema límbico— está más implicado en el registro y en la comprensión de los esquemas perceptivos que en las relaciones emotivas. La principal función del hipocampo es la de proporcionar un recuerdo detallado por el contexto, vital para el significado emocional. Por ejemplo, es el hipocampo el que reconoce el significado distinto de un oso visto en el zoo o en el patio de casa, recordando los hechos tal como son. La amígdala, en cambio, retiene, por decirlo de alguna forma, el sabor emocional.

La activación de la amígdala parece imprimir con más fuerza en la memoria el recuerdo de la mayor parte de los momentos caracterizados por el despertar emocional. Intente pensar en un hecho que le haya emocionado de forma particular, ya verá que se acordará exactamente de dónde se encontraba, cómo estaba vestido y en qué momento sucedió aunque hayan pasado muchos años. Esto significa que el cerebro tiene dos sistemas mnemónicos, uno para los hechos ordinarios y el otro para los que tienen un valor emocional.

El papel de la amígdala que se acaba de descubrir es fundamental cuando el sentimiento impulsivo arrolla nuestra componente racional. Las señales de entrada procedentes de los órganos de los sentidos permiten que la amígdala analice cada experiencia, que sondee cada situación, guiada siempre por un único interrogante, el más primitivo: «¿Se trata de algo que odio? ¿Algo de lo que tengo miedo? ¿Algo que me hace daño?».

Si la respuesta es afirmativa, la amígdala reacciona mandando inmediatamente un mensaje de crisis a todas las partes del cerebro. Las investigaciones de LeDoux han demostrado que en la amígdala se pueden encontrar recuerdos y repertorios de respuestas que se ponen en marcha sin que nos demos cuenta de por qué se actúa de esta forma, como veremos más adelante (véase pág. 75).

Otras investigaciones han explicado cómo en los primeros milisegundos de la percepción no sólo comprendemos de forma inconsciente cuál es el objeto percibido sino que decidimos incluso si nos gusta o no. El inconsciente cognitivo presenta además a nuestra conciencia no sólo la identidad de lo que vemos sino también un verdadero juicio sobre ello. Se llega por lo tanto a una interesante conclusión: nuestras emociones tienen una mente que se ocupa de ellas que puede tener opiniones totalmente independientes de las de la mente racional. Este nuevo concepto se debe tener presente tanto en nuestras relaciones interpersonales de trabajo como en la educación de nuestros hijos.

Presentamos a continuación de forma muy sintética las características principales de la mente emocional.

La mente emocional es más rápida

La mente emocional, como hemos visto, es veloz, rápida, decide en una fracción de segundo. La misma fracción de segundo en la que cambian nuestros movimientos oculares y nuestra musculatura facial es la que sigue en sus rápidos recorridos.

En el proceso evolutivo, una respuesta rápida abreviaba en algunos milisegundos el tiempo de reacción a los peligros. Esos milisegundos han salvado la vida de nuestros antepasados en tantos casos que ahora este mecanismo se encuentra impreso en el cerebro de todos los mamíferos (incluido el nuestro) aunque no debe tomar en una fracción de segundo decisiones del tipo: «¿Entre nosotros dos quién es la presa, él o yo?». De hecho, actualmente ya no está en juego la supervivencia de la especie.

Con respecto a esto, el científico americano Paul Ekman ratifica que: «La explosión de una emoción es muy breve, dura tan sólo pocos segundos y no minutos, horas o días, puesto que sería contrario al funcionamiento evolutivo que una emoción tuviera ocupados durante demasiado tiempo el cerebro y el cuerpo, impidiendo al individuo que reencontrara la propia racionalidad».

Estos conceptos tiene que recordarlos cuando se encuentre frente a personas que sean víctimas de fuertes emociones, puesto que para establecer una comunicación eficaz basta dejar pasar algunos minutos para que su interlocutor encuentre su propia mente lógica.

… Más superficial e independiente

La mente emocional no razona en términos de «causa-efecto» como la mente racional, pero relaciona las cosas según aspectos superficialmente símiles. Es infantil, desvía, deforma, borra, ignora y generaliza partes importantes de la realidad. Por ello es difícil razonar con una persona que esté trastornada emotivamente. Sea cual sea la validez de sus argumentaciones se encontrará con la convicción emocional que en ese momento su interlocutor está sintiendo.

En estos casos, para establecer una comunicación correcta es útil conocer la utilización del modelado para construir una buena relación, y la del metalenguaje para llegar a entender el mapa del mundo mutable e impreciso de la persona que tenemos delante.

... Y no olvida

La mente emocional, tal como ya les hemos anticipado, reacciona a veces a las situaciones presentes con las mismas emociones con las que reaccionaba a las situaciones pasadas. Esto sucede cuando algún aspecto de un hecho aparece similar a un recuerdo del pasado dotado de una fuerte carga emotiva.

Cristina, una colaboradora nuestra, reaccionaba a la mínima regañina expresada con voz tranquila, amable y persuasiva con verdaderas crisis de pánico que no conseguía dominar.

Durante la psicoterapia a la que se sometió para «entender» la causa de sus crisis, revivió experiencias de su tierna infancia que había apartado. En particular escuchó de nuevo la voz tranquila, amable y persuasiva de su niñera que, mientras la reñía por alguno de sus pequeños caprichos, la torturaba en las partes más escondidas y sensibles con un fino y puntiagudo alambre que la hería en profundidad. La situación actual era muy diversa pero la mente emocional había enjaulado a la racional. Para Cristina, las regañinas dichas con voz tranquila, amable y persuasiva equivalían a posibles torturas corporales.

Como supone Joseph LeDoux: «Cuando tu sistema emocional aprende algo, parece que ya no lo olvida. Lo que la terapia consigue cambiar es cómo controlarlo. Enseña, en la práctica, a la neocorteza cómo inhibir a la amígdala. Por lo tanto, el impulso a actuar se suprime, mientras que la emoción fundamental permanece de forma atenuada».

Debido a la arquitectura cerebral en la base de este nuevo aprendizaje emocional que reestructura ese acontecimiento específico, permanece sólo un residuo del miedo original sabiendo a nivel lógico que se dispone de fuerza, madurez y recursos varios y más significativos respecto al momento en el que se ha verificado originalmente.

Las emociones influyen en las acciones

La raíz de la palabra *emoción* es el verbo latino *moveo*, «mover», añadiendo el prefijo «e» que indica «movimiento de», para decir que en cada emoción se encuentra implícita una tendencia a actuar. Aristóteles, en su *Ética a Nicómaco* (la investigación filosófica sobre las virtudes, la personalidad y el camino recto), decía que las emociones son «impulsos para actuar» que cuando están bien guiados ayudan al ser humano a expresarse plenamente.

Cada emoción prepara al cuerpo a un tipo de respuesta muy diversa. Cuando estamos encolerizados, por ejemplo, la sangre fluye hacia las manos y esto hace más fácil dar un puñetazo al adversario. Cuando estamos sorprendidos, levantamos de forma instintiva las cejas, lo que nos permite tener un campo visual más amplio y hace llegar más luz a la retina. Nos disponemos de esta forma a recoger un mayor número de informaciones sobre el acontecimiento inesperado contribuyendo a su comprensión y facilitando la rápida formación del mejor plan de acción.

Un ejemplo compartido: el miedo

Una emoción que muchos de nosotros hemos experimentado personalmente es la del miedo. Veamos con detalle qué sucede en nuestro cuerpo y en nuestra mente.

Cuando salta la alarma del miedo la amígdala envía señales de emergencia a todas las partes del cerebro, estimula la secreción de las hormonas que provocan la reacción de combate o de huida, activa el sistema cardiovascular, acelera la frecuencia cardiaca, aumenta la presión sanguínea y reduce al mismo tiempo la respiración. Unos circuitos que parten de la amígdala dan la orden de secretar pequeñas cantidades de noradrenalina, una hormona que aumenta la reactividad de las áreas claves del cerebro. Otras señales ordenan al tronco cerebral que haga que la cara asuma una expresión asustada y que bloquee los movimientos eventualmente ya empezados por los músculos. Otras señales llaman la atención sobre lo que ha desencadenado el miedo y preparan los músculos para que reaccionen de forma adecuada. Simultáneamente, los sistemas mnemónicos corticales se reorganizan con precedencia absoluta para atraer todas las informaciones útiles para la situación de emergencia accidental.

Durante los primeros segundos en los que se desencadena una emoción, nuestro inconsciente cognitivo presenta a nuestra conciencia no sólo la identidad de lo que vemos sino un verdadero juicio sobre ello. En la práctica, la mente emocional lee la realidad emotiva de la persona que tiene delante y produce en un abrir y cerrar de ojos ese juicio intuitivo inmediato que le permite actuar con rapidez y seguridad.

Los investigadores afirman que la amígdala, durante una emergencia emocional, bloquea gran parte del cerebro, incluida la mente racional. Las acciones que realizamos durante un fuerte estado emotivo van acompañadas por una sensación particular de seguridad, que deriva de una forma sencilla e inmediata de valorar los acontecimientos que puede parecer absolutamente desconcertante para la mente racional. Cuando ha pasado todo o incluso en medio de la acción nos sorprendemos pensando: «¿Por qué he hecho esto?». Una señal de que la mente racional se está despertando pero sin la rapidez de la emocional.

Emociones primarias: son las mismas en todo el género humano

Recientemente ha surgido un modelo científico de la mente emocional que explica cómo nuestras acciones están determinadas por nuestras emociones primarias y secundarias. Se opina que las reacciones emotivas primarias están «instaladas» ya desde el nacimiento mientras que las secundarias se forman con la experiencia. Sobre este punto los científicos no han llegado todavía a un acuerdo, mientras coinciden sobre el hecho de que las emociones primarias son las mismas para todo el género humano, como demostró por primera vez Darwin que las clasificó en su ensayo *La expresión de las emociones en el hombre y en los animales*. Luego, Ekman, en un estudio fotográfico profundizado sobre los fore de Nueva Guinea, una tribu aislada que vive en lejanos altiplanos y que ha permanecido en la edad de piedra, ha demostrado cómo las caras de los fore entregados a una de las emociones primarias son iguales en sus expresiones faciales a las de los sofisticados habitantes de Malibú y a las de los pobres sin techo de Nueva York.

Según el profesor Antonio Damasio, autor del ensayo *El error de Cartesio*, la emoción primaria en su esencia es el conjunto de los cambios del estado corpóreo en que son inducidos en miríadas de órganos por los terminales de las células nerviosas, bajo el control de un adecuado sistema del cerebro que responde al contenido de los pensamientos relativos a una particular entidad o acontecimiento.

Muchos de los cambios del estado corpóreo relacionados con las emociones primarias (por ejemplo el del color de la piel o de la expresión de la cara) pueden ser percibidos por un observador externo.

Otros cambios resultan perceptibles sólo por quien está sintiendo esa emoción específica.

Emociones secundarias: estados de ánimo, pensamientos, sentimientos

Además de las emociones primarias existen también las que llamaremos aquí secundarias.

Están provocadas por estados de ánimo, pensamientos y sentimientos diversos.

Las emociones secundarias tienen una secuencia más lenta que las emociones primarias y, por lo tanto, se suele tener tiempo para poder ser plenamente consciente de los estados de ánimo, de los sentimientos y de los pensamientos que inspiran este tipo particular de emociones.

Pongamos un ejemplo.

Imagine que está en el extranjero y que lee las necrológicas en su periódico favorito cuando se encuentra con el nombre de un buen amigo, su coetáneo, de cuya muerte no sabía usted nada.

¿Qué le sucede desde un punto de vista neurobiológico? ¿Cómo responde su físico?

Probablemente el corazón acelera los latidos, los músculos faciales cambian de expresión y quizás una lágrima le resbala por la mejilla, la boca se vuelve seca, una sección del intestino se contrae.

Mientras frente a una emoción primaria el conjunto de estas alteraciones se produce de forma imprevista y desaparece rápidamente, en este caso el proceso en su conjunto es considerablemente más lento y largo.

No se encuentra en una situación de peligro y tiene todo el tiempo que quiera para elaborar este luto, para llorar mientras ve de nuevo las imágenes mentales de usted y de su buen amigo cuando estaban juntos oye de nuevo sus carcajadas que tanto le gustaban y hasta huele el perfume de las rosas que recogían juntos de niños en el jardín de la casa de campo.

En las emociones secundarias no existen esos impedimentos para la percepción y la acción racional que son característicos de los estados emotivos.

En estos trances el buen comunicador tendrá que utilizar los instrumentos de la empatía, que se revelan inútiles en presencia de las encendidas y breves emociones primarias.

Cómo la programación neurolingüística puede cambiar la calidad de nuestras experiencias

Los instrumentos que facilita la programación neurolingüística a todas aquellas personas que acuden a ella permiten trazar un puente entre la mente y el corazón de quien tenemos delante en el preciso momento en que se verifican reacciones y acciones originadas por emociones secundarias.

El presupuesto de la PNL que nos guía en estos casos es que algunas emociones secundarias mayores no están determinadas por las circunstancias sino por lo que está sucediendo dentro de nosotros en relación con esas circunstancias.

Como le gustaba decir a Aldous Huxley: «La experiencia no es lo que sucede a un hombre, es lo que un hombre realiza utilizando lo que le sucede».

Sintetizando al máximo podemos decir de nuevo: «El mapa no es el territorio».

En otras palabras, como afirma el profesor Damasio: «Las relaciones entre tipo de situación y emoción son muy similares en todos los individuos, pero es la experiencia personal y única la que confecciona el proceso para cada uno de los individuos».

Se trata, por lo tanto, de una reflexión que hay que tener siempre en cuenta.

Simplemente realizando un cambio en un componente significativo de la estructura de este tipo de emoción cambia la cualidad de la propia experiencia. A continuación presentamos lo que se tiene que hacer utilizando los instrumentos de la PNL.

Cambie el marco temporal: libérese de la ansiedad

Piense en algo por lo que sienta aprensión y ansiedad. Analizando lo que está sucediendo en su imaginación se dará cuenta de que se está sintiendo así por un acontecimiento que podría suceder en un futuro inminente o remoto.

Cambiando el marco temporal cambian también sin ninguna duda las sensaciones, las visiones y el diálogo interno que acompañan a esa particular sensación.

EJERCICIO

Este es un ejercicio que nos ayudará a aplacar la ansiedad que, por ejemplo, nos atenaza ante un trabajo difícil de afrontar. Realice este ejercicio primero sobre usted mismo de forma que lo entienda bien y luego junto a un amigo particularmente ansioso.

1. Reconozca que está ansioso.

2. Reconozca que la ansiedad es una señal vital de algo que sucederá en el futuro para lo cual es necesario prepararse mejor.

3. Con espíritu de curiosidad valore qué tiene que hacer para prepararse mejor. Pregúntese cuáles son las habilidades necesarias. Recuerde mentalmente ejemplos de su pasado o del pasado de personas cercanas a usted que han afrontado problemas o dificultades similares a las que provocan ansiedad en usted.

4. Imagínese en el futuro mientras afronta la prueba que le asusta, controle si está bien preparado y si tiene con usted todo lo que es necesario.

5. Repita este ejercicio varias veces hasta que ya no se sienta ansioso sino tranquilo y seguro de sí mismo.

Como seguramente ya ha intuido, existen estados de ánimo que se refieren sólo al pasado o sólo al futuro. Por ejemplo puede esperar algo que sucederá en un futuro o sentir añoranza por hechos sucedidos en el pasado. En estos casos basta cambiar el marco temporal para cambiar la calidad de la emoción.

Cambie los términos de la cuestión para mejorar las emociones

Algunas emociones están determinadas, como ya hemos visto, por la elección de los operadores modales.

Un ejemplo: la calidad de la emoción unida al pensamiento de «ser responsables» puede cambiarse utilizando las violaciones del lenguaje de precisión que le llevarán a considerar la relación que se establece entre partes importantes de la estructura lingüística y sus modalidades perceptivas y emotivas.

Analice en las frases siguientes cómo cambia su estado de ánimo cambiando los operadores modales.

Es necesario hacer este trabajo.

Tengo que hacer yo este trabajo.

Puedo hacer yo este trabajo.

En el primer caso se examinan las consecuencias de la acción y está implícita la necesidad de decidir si hacerlo o no.

En el segundo se presume de estar obligado a hacerlo porque por ejemplo se cree que se es la persona más idónea para realizar la tarea.

En el tercero se enfatiza el hecho de que se tienen las capacidades y las habilidades para llevar a cabo esa tarea en concreto.

Luego es suficiente poner un punto interrogativo y exclamativo al final de cada pequeña frase para que, cambiando la estructura lingüística, cambie también su percepción de la tarea que se le ha confiado.

Intente decirse a usted mismo estas frases para un trabajo futuro que le espera y por el que siente emociones y verá que la calidad de sus emociones cambiará.

Aproveche las emociones en términos positivos

Frente a un estado de ánimo suyo o de un amigo puede decidir cambiar los pensamientos que lo han provocado asumiendo, según las situaciones, una actitud pasiva o activa en relación con los resultados deseados.

Pongamos un ejemplo. Se siente furioso porque su jefe le ha reñido. Puede aumentar esa cólera con la actitud pasiva de quien «espera y mira», junto a un sentimiento de apatía, fatalismo y frustración. En este caso se encierra en sí mismo y asume el papel de la víctima. O si decide utilizar la cólera para implicarse en el trabajo de forma dinámica, activará la curiosidad para entender las motivaciones de la regañina e intentará cambiar con determinación la situación con las armas de la negociación y de la empatía. La emoción que ha desencadenado estos sentimientos es siempre la misma, la cólera, pero el resultado obtenido en los dos casos es muy distinto.

Cambie la intensidad de su estado de ánimo

Según la programación neurolingüística, cambiar la intensidad de la emoción que está viviendo cambia la cualidad. Por ejemplo es muy distinto «estar furiosos, encolerizados o enfadados» por el comportamiento de un amigo que «sentirse molestos pero curiosos por saber por qué se comporta de esa forma», realizando de esta forma una clara distinción entre él como persona y la forma en la que se comporta.

Incluso las palabras que utilizaremos serán muy distintas. En el primer caso fácilmente lo ofenderemos diciendo palabras pesadas como piedras del tipo: «Eres y serás siempre un insensato, un cretino». En el segundo caso criticamos su comportamiento, intentando indagar sobre el proceso de su pensamiento y preguntamos: «¿Qué te ha sucedido? Te estás comportando como un cretino».

Para cambiar rápidamente sus estados de ánimo y los de las personas que le rodean utilice un instrumento válido que nos ofrece la programación neurolingüística: las submodalidades, descritas con todo detalle en el libro de Richard Bandler *Utilizar el cerebro para cambiar*.

SUBMODALIDADES

En la práctica existen, como ya sabe, tres modalidades perceptivas principales (visual, auditiva y cinestésica) y dos secundarias (olfativa y gustativa). Bandler afirma, como hemos subrayado más de una vez que: «Cambiando algunos elementos específicos de una experiencia o del recuerdo de una experiencia cambia también en un cierto sentido el contenido de la misma». Para entender y hacerse con este concepto realice este sencillo ejercicio siguiendo las instrucciones del propio Bandler.

Piense en un hecho que haya sucedido en su oficina la semana pasada o hace un mes que considere muy relajante, mejor si está relacionado con una emoción. Hágase un cuadro visual completo de ese momento y elimine los colores de la escena que ha visualizado y véalo todo en blanco y negro como en una película clásica; ponga una música que normalmente le haga ponerse triste y melancólico como música de fondo y baje el volumen de las voces que le han acompañado hasta ese momento hasta que se conviertan en un susurro; al mismo tiempo baje la frecuencia de su respiración hasta casi quedarse sin aliento. A continuación pregúntese utilizando el tono, el volumen y el timbre de voz de una persona que le sea particularmente antipática: «¿Respecto a esa experiencia me siento relajado como me sentía primero?» Se dará cuenta de que aunque el contenido de la experiencia no ha cambiado su forma de revivir esa experiencia, ahora es distinto. ¿Qué ha hecho? Ha utilizado las submodalidades visuales cambiando el color de la experiencia, de la misma forma habría podido cambiar los tamaños (usted pequeño y sus interlocutores altos y grandes) o vivir la experiencia de forma asociada, es decir, con usted dentro, o desasociada, mirando desde el exterior cómo actúa usted. Ha cambiado también las submodalidades auditivas cambiando el volumen de las voces y añadiendo otros detalles como, por ejemplo, un nuevo diálogo interior. Finalmente, cambiando la frecuencia de la respiración ha incluido un elemento cinestésico.

En cambio, no ha utilizado submodalidades gustativas u olfativas. Pero recuerde que las raíces más antiguas de nuestra vida emotiva se basan en el sentido del olfato y más precisamente en el lóbulo olfativo, donde están situadas las células que reciben y analizan los olores. Cada ser vivo tiene una marca molecular distintiva que puede ser transportada por el viento. En los tiempos ancestrales, el olfato tuvo una importancia enorme para la supervivencia, clasificando lo que percibía en categorías: sexualmente disponible o no, enemigo o comida potencial, comestible o tóxico.

Actualmente queda muy poco de este importante canal, pero intente recordar un pastel en concreto de su infancia hecho en casa por su madre o su abuela y le aseguro que sentirá su olor, que puede convertirse en el hilo conductor de la investigación de ese particular momento quizás olvidado en el tiempo.

Para facilitarle la tarea le proporcionamos a continuación una ayuda para entender y descubrir las submodalidades.

Submodalidades visuales

Número de imágenes; forma; tamaño (grande, pequeña); posición en el espacio (en marco, panorámica, a color, en blanco y negro, quieta, en movimiento); perspectiva (vertical, horizontal, plana); contraste (figura, fondo, enfocada, desenfocada); dentro de la imagen o fuera de la imagen; distancia (cerca, lejos).

Submodalidades auditivas

Número de fuentes y sonidos; música, ruido, voz; mono, estéreo; velocidad; ritmo; tono (agudo, profundo); volumen (alto, bajo); distancia (lejos, cerca).

Submodalidades cinestésicas

Asociado, disociado; intensidad; temperatura (calor, frío); humedad; presión; peso (ligero, pesado); duración (constante, intermitente).

Valore las semejanzas y las diferencias

Las emociones nacen de pensamientos absolutos. El blanco que ilumina o el negro que vuelve todo dramático. Para entrar en la estructura de la emoción es útil pasar de una visión general y absoluta a una particular y detallada, separarla en elementos pequeños, buscando para cada uno las eventuales semejanzas y diferencias, utilizando los instrumentos del metalenguaje. Se dará cuenta de que la semejanza es un componente importante para crear el estado de ánimo del «agradable» y del «satisfecho», mientras la diferencia es un ingrediente de los estados de ánimo donde existe «frustración, contrariedad, disgusto».

Descubra la lógica de las emociones

Para entender los estados de ánimo propios y sobre todo los de los demás es necesario saber que los esquemas según los cuales organizamos la visión de la realidad y de nosotros mismos se aprenden en gran parte durante la infancia y la adolescencia. Con el paso de los años los esquemas se enraízan cada vez más, generando pensamientos automáticos, verdaderas convicciones limitantes, a veces incluso irracionales, que influyen profundamente en las emociones, en los estados de ánimo y en los comportamientos.

Bateson subrayaba que en los procesos de cambio de los estados de ánimo existen jerarquías naturales de clasificación. Dilts, estudioso y docente de fama internacional de programación neurolingüística, ha desarrollado este concepto investigando sobre el hecho que a menudo es la confusión de los niveles lógicos que esconde problemas. Cuando la persona que está cerca de usted demuestra una emoción, un estado de ánimo particular, para comunicar bien es necesario identificar a qué nivel lógico se encuentra su comportamiento. Dilts explica durante sus cursos los niveles lógicos con el esquema que reproducimos al final de la página, planteando para cada nivel lógico una pregunta específica que destacamos en cursiva.

1. Identidad *(¿quién soy yo?)*.
2. El sistema de creencias, valores y convicciones *(¿por qué hago esto?)*.
3. Las capacidades de las que derivan las estrategias *(¿cómo hago lo que estoy haciendo, cuál es el proceso que me lleva a actuar de esta manera?)*.
4. El comportamiento, es decir, las acciones que se emprenden *(¿qué hago?)*.
5. El ambiente, es decir, el contexto externo *(¿dónde y cuándo se desarrollan mis acciones?)*.

Recuerde que una discusión acerca de la identidad y los valores y convicciones es completamente distinta de una conducta, más relacionada con los comportamientos y el ambiente.

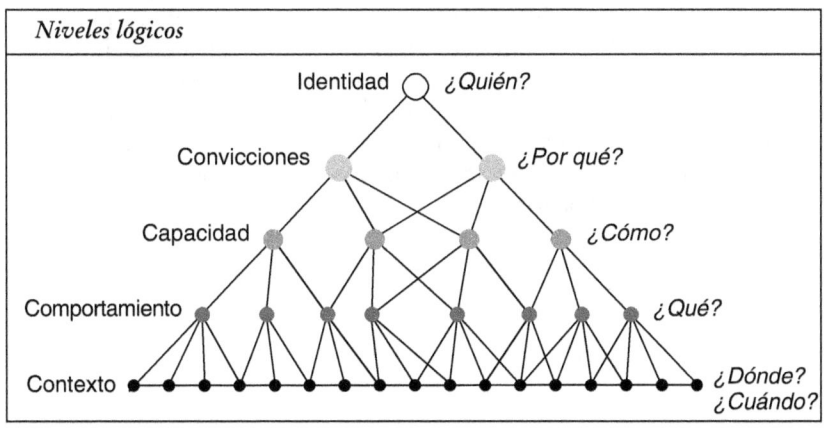

EJERCICIOS

En las relaciones con los demás es fundamental conocer a fondo tanto la estructura de los pensamientos, de los sentimientos, de los estados de ánimo y de las emociones como las notas de la empatía. La empatía (del griego *empatheia*, «sentirse dentro») se basa también en el conocimiento de que cuanto más abiertos seamos hacia nuestras emociones, mucho más hábiles seremos en la lectura de los mensajes que viajan en los canales de comunicación no verbal, por las emociones primarias, y en investigar y violar las estructuras lingüísticas, encontrar conexiones entre «causa y efecto» con los instrumentos que le hemos dado en los párrafos anteriores, por las emociones secundarias.

A continuación le proporcionamos algunos ejercicios que le ayudarán a poner en práctica lo que ha aprendido. Se trata de señales para indicarle el camino. Probablemente su aprendizaje de consciente ha pasado a ser inconsciente y por lo tanto conseguirá juntar con elegancia y maestría todas las partes de ese intrincado puzzle que se refiere a la inteligencia emotiva, tan importante para una comunicación ganadora.

Expresar las emociones

Para conocer las emociones es necesario verbalizarlas con precisión. Acostúmbrese cuando tenga una emoción primaria o secundaria a escribir lo que siente, ve, escucha, olfatea y prueba. Utilice vocablos distintos según la intensidad de la emoción.

En la tabla que le proponemos en la página siguiente analice (pasando del menos al más) los distintos niveles emocionales que siente por rabia, placer, tristeza y miedo. Con un amigo describa estos distintos niveles emocionales añadiendo sus descripciones en los espacios libres.

NIVELES EMOCIONALES

Rabia	Placer	Tristeza	Miedo
Aburrido	Contento	Confuso	Tenso
....	....	....	....
....	....	....	....
Irritado	Confiado	Apático	Preocupado
....	....	....	....
....	....	....	....
Disgustado	Deleitado	Desanimado	Alarmado
....	....	....	....
....	....	....	....
Resentido	Deseoso	Triste	Asustado
....	....	....	....
....	....	....	....
Hostil	Alegre	Melancólico	Petrificado
....	....	....	....
....	....	....	....
Furioso	Hilarante	Angustiado	Atemorizado
....	....	....	....
....	....	....	....

Superar el miedo

El objetivo del ejercicio es superar el miedo irracional ante una prueba importante en el ámbito de su trabajo.

1. Mírese con los ojos de la mente mientras está superando la prueba con éxito. Pregúntese qué se dirá en ese momento, qué sensaciones agradables podrá sentir. Goce de esta situación.

2. Cuando su película esté acabada, imagínese que la coloca dentro de su vídeo, y con el mando a distancia rebobine la cinta para poder saborear luego la superación de la prueba.

3. Ahora cambie de escena. Visualice cómo se siente en realidad cuando se enfrenta a una prueba que fracasa.

4. Imagine, con todos sus canales sensoriales, qué sucederá en su vida si fracasa dentro de una semana, un mes o un año.

5. Antes de acabar el ejercicio tiene que visualizarse otra vez mientras supera la prueba de manera trinfante para no quedarse con una impresión negativa.

Convertirse en los amos de esta técnica significa conseguir modificar las percepciones internas del acontecimiento. Para darle facilidades le proporcionamos a continuación un esquema de este ejercicio de visualización.

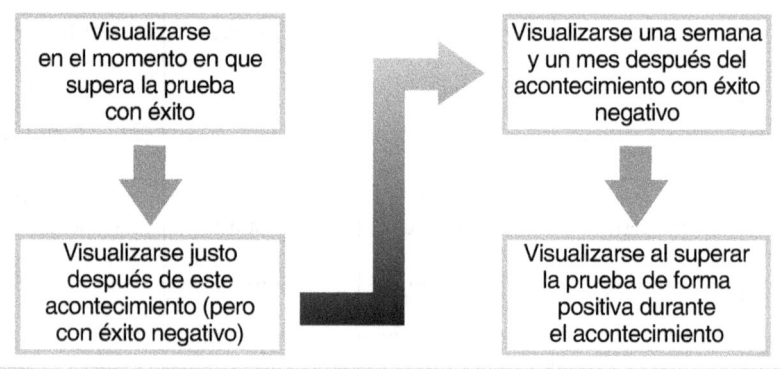

Remodelar las emociones

La calidad de las propias emociones puede cambiarse remodelando cada uno de los componentes, tal como le enseñamos en este ejercicio.

1. Sea consciente de los componentes significativos que forman una emoción no deseada.

2. Cambie la calidad de estos componentes uno por uno, utilizando las submodalidades de sus canales perceptivos.

3. Valore de qué manera ha cambiado la calidad de la emoción.

4. Decida qué otro tipo de emoción desea tener.

5. Considere las características estructurales de este estado de ánimo que tiene que ser conocido para usted.

6. Continúe cambiando los componentes de una emoción no deseada hasta que haya obtenido la emoción que desea.

Este ejercicio puede realizarse con todos los tipos de emoción. Para facilitarle la tarea, le damos un ejemplo que se refiere a la cólera que, como dijo Benjamin Franklin, «siempre tiene razón, pero raramente tiene una buena».

1. Existen varios tipos de cólera; tiene que ser consciente de las características principales de la suya.
   ¿Se trata de una cólera imprevista e irracional, o fría y más calculada, basada en convicciones personales, similar a un estado de ánimo?

2. Cambie, mientras se ve como en una película, las cualidades de cada uno de los componentes de esta emoción que no le gustan. Por ejemplo, si en los momentos de cólera su diálogo interno le empuja con las argumentaciones más convincentes a liberar rápidamente su impulso, busque un diálogo interior lento y tranquilo.

3. Valore a estas alturas de qué manera ha cambiado la calidad de su emoción. Si está satisfecho de ello, pase al cuarto punto; si no lo está, reconsidere otros elementos significativos para usted. Si por ejemplo sabe que la cólera en usted se transforma fácilmente en ira y, sin posibilidad de ser frenada por la razón, se transforma fácilmente en violencia y brutalidad, imagínese que se aleja del lugar donde se ha desencadenado su cólera. Utilice técnicas cinestésicas de relajamiento, como la respiración profunda y el relajamiento muscular.

4. De todos los estados de ánimo que la gente desea evitar, la cólera parece ser el más obstinado y el más odiado. De todos es sabido también que la catarsis, es decir, liberar la propia rabia, es una de las peores formas de enfriarla: normalmente las explosiones de cólera aumentan la activación del cerebro emocional dejando al individuo todavía más airado, prolongando un estado de ánimo negativo y tóxico. Por lo tanto, tiene que transformar la cólera en calma de forma que la situación pierda fuerza con una comprensión mayor de los acontecimientos tomándose todo el tiempo que crea necesario.

La calma tiene que ser un estado de ánimo que ya conoce bien; de otro modo tiene que transformar la cólera en paciencia o aceptación u otra sensación de la que conozca bien, por haberla experimentado, la estructura superficial y profunda.

5. Analice tal como ha hecho con la cólera los componentes del estado de ánimo que ha escogido y pruébelo recordando una experiencia pasada o vista en una película o vivida por amigos en la que este estado de ánimo se manifestaba plenamente.

6. Continúe cambiando sus estados de ánimo utilizando las submodalidades hasta que obtenga la emoción que desea y que considere más apropiada a la situación que está viviendo.

Recuerde que estos procedimientos tienen efecto en el caso en el que la cólera sea de nivel moderado: cuando la emoción ha alcanzado el nivel de furia, la llegada de estas informaciones no tiene efecto a causa de lo que recibe el nombre de «incapacidad cognitiva»; en otras palabras, en tales condiciones el individuo ya no es capaz de pensar con lucidez.

El *swish*

Este ejercicio es útil en la curación de las fobias y en la reestructuración de acontecimientos negativos. Ejemplificado como en nuestro caso le permite utilizarlo usted solo con facilidad.

1. Recupere una imagen del pasado que le haya generado emociones negativas, proyéctela sobre su pantalla mental enriqueciéndola con los sonidos, las palabras, los perfumes y los olores, los gustos y las sensaciones que recuerde.

2. Después de haber recuperado todas estas sensaciones y emociones, congele la imagen y guárdela en su pantalla mental.

3. Recorte un ángulo de la pantalla en cuyo interior pueda proyectarse a sí mismo en una imagen en la que se sienta amado y apreciado, confiado en sus capacidades, enriqueciéndola con todas las sensaciones sensoriales que conoce tan bien y con las submodalidades. Por ejemplo, si está sentado en su oficina, haga que la escena sea más luminosa, que los colores sean más nítidos y que el aire que entra por la ventana sea más puro.

4. Amplifique al máximo esta sensación de bienestar mientras mantiene al mismo tiempo la imagen grande como congelada y la pequeña en el ángulo.

5. En cuanto la sensación interna de bienestar haya alcanzado un buen nivel, empiece a ampliar rápidamente la imagen en el ángulo hasta que haya recubierto completamente la negativa.

6. Haga todo esto lo más rápido posible y repítalo varias veces. Se sorprenderá de los cambios que se producirán en su interior.

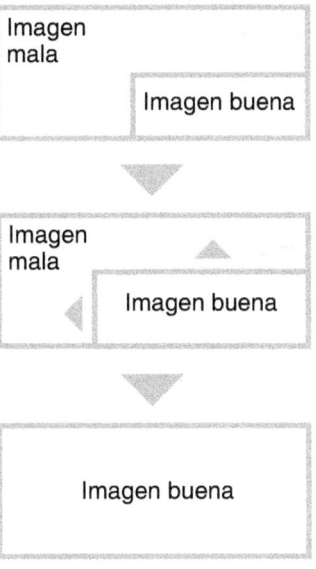

CUESTIONES IMPORTANTES

- *Conocer las emociones para utilizarlas: en los primeros «milisegundos» de la percepción no sólo comprendemos de forma inconsciente cuál es el objeto que hemos percibido, sino que decidimos incluso si nos gusta o no.*

- *Nuestras emociones tienen una mente que se ocupa de ellas y que puede tener opiniones totalmente independientes de las de la mente racional.*

- *Cuando nos encontramos frente a una persona sometida a fuertes emociones, para establecer una comunicación óptima basta dejar pasar algunos minutos para que nuestro interlocutor reencuentre su propia mente lógica.*

- *La mente emocional es infantil, desvía, deforma, borra, ignora y generaliza partes importantes de la realidad. Por ello es difícil razonar con las personas que están emocionalmente trastornadas.*

- *Cuando la mente emocional aprende algo parece que no lo olvida nunca; pero se puede conseguir controlarla.*

- *La mente emocional lee la realidad emotiva de la persona que tiene delante y produce en un abrir y cerrar de ojos ese juicio intuitivo inmediato que le permite actuar con prontitud y seguridad.*

- *Cambiando algunos elementos específicos de una experiencia o del recuerdo de una experiencia cambia también, en un cierto sentido, el contenido de la propia experiencia.*

- *Las emociones nacen de pensamientos absolutos. El blanco que deslumbra o el negro que hace que se vea todo dramático. Es difícil emocionarse ante el gris.*

La importancia de escuchar con el corazón

En el ámbito de un proceso comunicativo podemos distinguir seis niveles que hacen que la comunicación sea constructiva.

1. Percibir los aspectos sensoriales del otro (el comportamiento no verbal).
2. Percibir el aspecto verbal, el discurso, la descodificación y/o la traducción de las palabras y de las ideas.
3. Comprender los significados, el punto de vista, los valores subentendidos de un discurso, etc. (la escucha).
4. El intercambio de los discursos y de los puntos de vista.
5. El diálogo que deriva de la superación de las divergencias y, por lo tanto, la gestión del conflicto, la comparación de los puntos de vista.
6. La superación del desacuerdo, la sinergia y el entendimiento.

Nos encontramos ante una comunicación positiva y constructiva cuando con nuestro interlocutor controlamos plenamente cada uno de los niveles anteriores.

El tercer nivel está considerado un nivel clave en el proceso comunicativo. La escucha favorece también la influencia sobre los demás, pero con una modalidad *pull* (tirar dentro) y no *push* (empujar dentro), más explorativa-descriptiva que investigativa-impositiva, intentando entender en lugar de hacerse entender.

Para ello realice el ejercicio de la página 103.

Una definición sintética, pero capaz de expresar los componentes principales implicados en los procesos de escucha, afirma que «la escucha es el arte de acoger las informaciones de la persona que habla, otras personas o uno mismo, sin expresar juicios, siendo empáticos».

De hecho, el arte de escuchar exige la capacidad de acoger/recoger ampliamente todas las informaciones y los significados presentes en una comunicación sin filtros y/o prejuicios de ningún tipo. Un proceso de escucha efectiva está promovido por la exigencia de poner en común, de compartir los significados que los comunicantes atribuyen a las cosas dichas; esta exigencia deriva del hecho que de cada uno de nosotros es distinto del otro por cultura, experiencia, edad, forma de sentir, sexo, así que es imposible entenderse de forma inmediata. Por lo tanto, la escucha precisa un proceso de investigación (el arte de hacer preguntas) para comprender y un proceso de reflejo *(mirroring)* para colocarse sobre la misma longitud de onda, para sincronizar pensamientos, palabras y sentimientos entre los comunicantes.

La escucha eficaz permite a las personas reconocer los puntos de vista ajenos y acercarse a la comprensión de las necesidades recíprocas, de manera que por lo menos haya más verdad en la comunicación puesto que, tal como dice H. S. Truman: «Cuando tu vecino pierde su trabajo se trata de recesión, cuando lo pierdes tú de depresión».

La escucha es también una forma para reconocer a alguien y aumentar su autoestima. Es como decir: «Tú eres importante y yo no te juzgo».

La escucha es un «instrumento» potente para reducir la ansiedad, el miedo y el estrés; son muchas las personas que se dirigen a médicos, psicólogos o sociólogos sólo para ser escuchados. La verdadera escucha facilita el desarrollo del sentido de confianza y permite que las personas se abran. Un ejemplo en negativo es el siguiente:

Paciente: «Me duele el brazo».
Enfermera: «Vamos, vamos, eso no es nada. Esté tranquilo».

En este caso la enfermera no se pone en el lugar del paciente y proporciona una respuesta no empática (no implicada en las condiciones emotivas y psicológicas). La escucha eficaz anima a la persona que habla para invitarla a continuar la comunicación, proporcionando conjuntos limitados, pero que animan (efecto retroactivo) y haciendo progresar paso a paso las ideas, los sentimientos y los estados de ánimo de la persona.

Los niveles de escucha

La capacidad de escucha se puede dividir en tres niveles, caracterizados por ciertos comportamientos que tienen efecto sobre la eficacia de la escucha.

Estos niveles no están claramente separados en categorías generales en las que se incluyen todas las personas; pueden sobreponerse o alternarse según lo que sucede. En cuanto nos movemos del nivel superficial al empático, nuestro potencial de comprensión, memoria y comunicación eficaz crece.

Todos nosotros escuchamos a distintos niveles de eficacia. Existen situaciones y personas implicadas que limitan o aumentan la eficacia de la escucha: ante un conflicto entre personas, cuando la emotividad aumenta, cuando la crítica se dirige a nosotros mismos.

Los disgustos, el humor del momento, la no disponibilidad y las preocupaciones alteran la capacidad de escucha. Es difícil concentrarse sobre los demás cuando estamos demasiado absorbidos por los problemas personales. Ni siquiera el mejor actor puede engañarnos mucho tiempo sobre su verdadero estado de ánimo.

Cuando la escucha es insatisfactoria, el interlocutor se siente frustrado por no haber podido completar el discurso o al ver malentendido su propio pensamiento. Siente el deseo de terminar el discurso o de restablecer el significado. «¡No quería decir eso!», «¿Me dejas acabar?».

En estas situaciones la escucha se vuelve ineficaz (pasiva) o adquiere un carácter parcial.

La escucha empática: la máxima atención

A nivel empático, el que escucha se abstiene de juzgar a la persona que está hablando, y se pone en el lugar del otro, intentando ver las cosas también bajo el punto de vista del interlocutor.

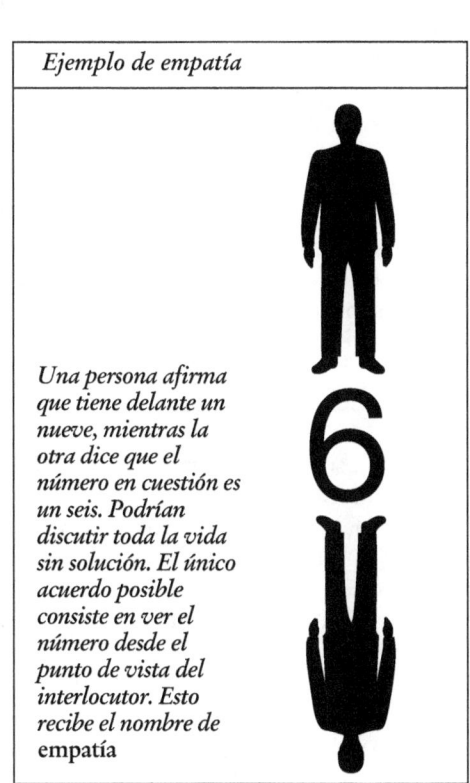

Ejemplo de empatía

Una persona afirma que tiene delante un nueve, mientras la otra dice que el número en cuestión es un seis. Podrían discutir toda la vida sin solución. El único acuerdo posible consiste en ver el número desde el punto de vista del interlocutor. Esto recibe el nombre de empatía

Algunas características de este nivel incluyen la actitud consciente, atenta y presente, confirmando y respondiendo, no dejándose distraer, poniendo atención en toda la comunicación de quien habla, incluso en el lenguaje del cuerpo, siendo empáticos con los sentimientos y con los pensamientos del otro, suspendiendo los propios pensamientos y «sintiendo» que sólo se está atento en la escucha.

La escucha empática precisa que la persona que escucha muestre, tanto verbal como no verbalmente, que está realmente escuchando. El secreto de todo es escuchar con el corazón, puesto que abre la puerta a la comprensión, a la atención, a la empatía, preguntándose qué siente el otro y «filtrando» las afirmaciones y las preguntas sobre esta base.

La escucha intermitente: oír las palabras pero no escuchar realmente

A este nivel de escucha, las personas se encuentran en la superficie de la comunicación y no entienden los significados más profundos de lo que se dice.

Intentan oír lo que está diciendo la persona que habla, pero se esfuerzan poco para entender su intención. Las personas que escuchan así tienden a escuchar lógicamente, más interesadas en el contenido que en el sentimiento, y permanecen emotivamente separadas de la conversación. La escucha a este nivel provoca incomprensiones peligrosas porque el que escucha está concentrado sólo superficialmente en lo que se dice. A este nivel, el que habla puede verse inducido a un falto sentimiento de ser escuchado y entendido.

La escucha pasiva: un pretexto para hablar

El que escucha de forma pasiva escucha a ratos, sintonizándose alternativamente en las conversaciones puesto que es poco consciente de los demás, y presta poca atención, sobre todo a sí mismo. Son esas personas para las cuales la discusión es un pretexto para hablar.

El que escucha a este nivel lleva a cabo una escucha pasiva sin reacciones. A menudo finge atención mientras piensa en otras cosas, formula juicios, replica o aconseja, o prepara lo que quiere decir después. Son los típicos que escuchan con la mirada ausente.

A continuación puede realizar el ejercicio sobre los niveles de escucha de la pág. 106.

Cómo piensa una persona, cómo actúa y cómo entra en relación con los demás

Para entender mejor el proceso de la escucha, el análisis transaccional de Eric Berne nos proporciona sugerencias identificando las posibles actitudes que las personas activan en la vida.

La actitud predominante influye en la forma en la que el individuo piensa, actúa y entra en relación con los demás. La relación tiene dos polos: el individuo y el otro (persona o situación) y cada uno de los dos polos puede vivirse como positivo (+) o como negativo (–).

Por lo tanto, tendremos cuatro combinaciones de posiciones existenciales:

	YO	OTRO
1	+ YO ESTOY BIEN	+ TÚ ESTÁS BIEN
2	+ YO ESTOY BIEN	– TÚ NO ESTÁS BIEN
3	– YO NO ESTOY BIEN	+ TÚ ESTÁS BIEN
4	– YO NO ESTOY BIEN	– TÚ NO ESTÁS BIEN

La actitud + + es del tipo: «Me acepto, acepto al otro, ¿cuál es el problema? Tenemos que resolverlo». Es una actitud positiva.

La actitud +– está caracterizada por una sobrevaloración de sí mismo y por una desvalorización del otro («¡es todo culpa tuya!»). Revela una actitud hacia la vida marcada por la agresividad.

La actitud –+ está caracterizada por la desvalorización de sí mismo y por la sobrevaloración del otro («¡es todo culpa mía!»). Presupone una dependencia del otro, a quien se cree más fuerte y más potente.

La actitud – – presupone una desvalorización de sí mismo y una desvalorización del otro («no se puede hacer nada»). Representa la esfera de la resignación y de la depresión.

En la actitud hacia la vida + +, el «estilo» existencial está dirigido a la solución de los problemas. Inversamente, en las actitudes +– y –+ se va en busca de la «culpa». En estas dos actitudes, en lugar de valorar las soluciones de los problemas, se juzga a las personas.

CARACTERÍSTICAS DE LAS CUATRO POSICIONES

Mal - Mal

- Escasa estima de uno mismo.
- «No tengo ningún derecho y tú tampoco».
- «No valgo nada y tú tampoco».
- No tiene esperanzas, es vengativo.
- Sentimiento de inutilidad; no tiene motivos para vivir.
- «No tengo ganas de vivir, la vida no merece ser vivida».
- «No hay nada que hacer».
- Abúlico y apático; resignado a la infelicidad; antisocial y violento.
- Es un perdedor, un fracasado crónico; vegeta, no vive.
- Vive con el temor de ser despedido, transferido o castigado.
- Culpa a todo y a todos de sus problemas, de sus frustraciones y de sus comportamientos.

Bien - Bien

- Gran estima de uno mismo.
- No juzga.
- Se acepta a sí mismo y a los demás.
- Expectativas realistas de sí mismo y de los demás.
- Confiado; se respeta a sí mismo y a los demás.
- Es un ganador; tiene sentido del humor.
- Escucha con participación.
- Comunicación abierta, directa, clara, preparada para el diálogo.
- Preparado para dar o recibir «estímulos».
- Actitud positiva frente a sí mismo y frente a los demás.
- Comprensivo, tolerante y optimista.
- Disponible.
- Goza de buena salud.
- Está contento y es feliz.
- Observa el comportamiento ajeno sin juzgar ni etiquetar.
- Resuelve los problemas de forma ganadora.

Mal - Bien

- Escasa estima de uno mismo.
- «Tú tienes todos los derechos y yo ninguno».
- «Mi vida no vale tanto como la tuya».
- Se siente incómodo cuando recibe cumplidos o «estímulos» positivos.
- Cree que se merece la desconfianza de los demás.
- Se siente incómodo en sociedad.
- Se siente incapaz, culpable, mal aceptado, inferior y a merced de los demás.
- Está deprimido, ansioso, sometido, lleno de excusas, es autocrítico, temeroso, tímido, silencioso.
- Mira más por los intereses de los demás que por los propios.
- Se preocupa de lo que los demás pueden pensar de él.

Bien - Mal

- Gran estima de uno mismo.
- «Yo tengo todos los derechos y tú ninguno».
- Exigente, arrogante e hipercrítico.
- Entrometido, prepotente y testarudo.
- Se siente superior.
- Juzga de forma maniquea.
- Trabajador, concreto, preparado para asumir cualquier encargo.
- Competitivo, impaciente.
- Amenazante, luchador, constante buscapleitos.
- Le gusta rodearse de aduladores.
- Irritable, se siente frustrado.
- Sujeto a estrés y tensiones.
- Trastornos físicos.
- Autoritario.

La oposición entre actitud positiva hacia la vida y las actitudes negativas se puede resumir en la oposición ganador/perdedor. La posición de ganador presupone una aceptación de la realidad en general y, por lo tanto, también del fracaso; es como decía T. S. Elliot: «El éxito es relativo, es lo que conseguimos obtener del gran desastre que hemos creado». El ganador está confiado y se muestra abierto, el perdedor está indeciso y siente temor. El ganador está disponible para arriesgarse y no le gusta la competición. El comportamiento de escucha de los personas que poseen buenas actitudes (el sentirse adecuado o no en relación con los demás) varía; como consecuencia, cada uno tiene características distintas que incluyen las convicciones sobre sí mismo y sobre los demás, convicciones que por turno influyen en las actitudes y las formas con las que las personas se relacionan con los demás. En definitiva, la imagen que tenemos de nosotros mismos (el orgullo o la vergüenza de sí mismo) provocan una aproximación distinta a los demás y como consecuencia a la escucha.

Veamos, por ejemplo, el estilo de escucha de Marcos, que corresponde con el esquema «yo soy bueno y tú no».

El tipo de escucha se manifiesta también en las actitudes no verbales

Marcos, un jefe en una gran empresa de servicios, manifiesta comportamientos de escucha ineficaces, ya que muestra un comportamiento que podría resumirse con el enunciado «quien necesita incordiar con la escucha no es una persona muy competente y no tiene ideas». Muchos en su oficina se lamentan a menudo de que Marcos escucha siempre con una expresión crítica en la cara, con los labios apretados y la mirada fija. Le gustaría juzgar y criticar rápidamente lo que los demás dicen y parece que escucha sólo lo que él debe decir, como si fuera el único que tuviera buenas ideas. Cuando alguien presenta un punto de vista opuesto, Marcos oye sólo lo que quiere filtrando los comentarios con los que no está de acuerdo. Sus modos y estilo de escucha dejan a menudo a las personas frustradas y resentidas.

El estilo de escucha deriva también del comportamiento no verbal. Marcos tiende a colocarse, incluso con las expresiones no verbales, en el modo «yo soy bueno y tú no» (véase las figuras de pág. anterior).

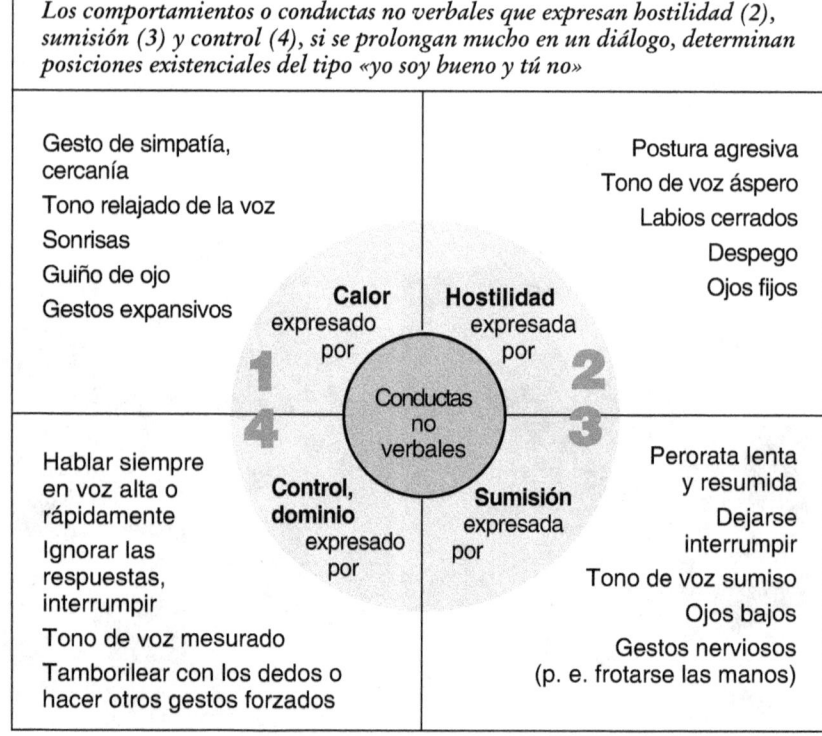

Los comportamientos o conductas no verbales que expresan hostilidad (2), sumisión (3) y control (4), si se prolongan mucho en un diálogo, determinan posiciones existenciales del tipo «yo soy bueno y tú no»

Veamos otro ejemplo: María mantiene la actitud «yo no soy buena y tú sí». Muy a menudo está preocupada por sí misma y por cómo conseguir que la entiendan. Está tan preocupada en intentar decir las cosas adecuadas que al final no consigue decir nada. Durante las reuniones es reacia a hablar puesto que cree que lo que tiene que decir es estúpido. A menudo dice: «Diré probablemente algo obvio, aburrido». Puesto que se comporta de esta manera, por lo general escucha de manera intermitente o pasiva. Por lo tanto, no suele entender correctamente las cosas y su trabajo es, con cierta frecuencia, insatisfactorio.

La posición «ni tú ni yo somos buenos» es muy nociva para la escucha y para todo el proceso de comunicación. Las personas que se comportan según esta posición existencial dudan entre las dos actitudes descritas por Marcos y María. Escuchan por lo general de manera pasiva y, como resultado, no reciben muchos mensajes.

Generalmente se muestran desinteresadas hacia los demás, cerradas, negativas y pesimistas. Este comportamiento no lleva a ninguna parte y es percibido por los demás como el «dar vueltas» que acaba en frustración, rabia y desánimo. Normalmente dicen: «No puedo hacer nada; nadie puede hacer nada». De esta forma los problemas no se resuelven y reaparecen siempre.

Donde los estilos «malos» habitualmente cierran la comunicación, el estilo «bueno» está en cambio considerado como abierto, relajado, comprensivo, lógico, empático y que no juzga. Observe el esquema inferior relativo a la escucha y a las posiciones existenciales de un vendedor..

Las características de la escucha y las diversas posiciones existenciales de un vendedor	
SI LA ESCUCHA...	
Posición + −	**Posición + +**
Tiene como objetivo entender la diferencia entre nuestros dos puntos de vista, descubrir el error de su razonamiento, lanzarme e imponer mi forma de ver las cosas.	Tiene como objetivo entender su punto de vista e integrar sobre este aspecto más acercamientos distintos necesarios para la investigación en común de una solución.
Posición − −	**Posición − +**
Es por cálculo, porque para este oficio de vendedor es mejor compartir el punto de vista del comprador hasta olvidar el propio... y afirmar «el cliente siempre tiene la razón».	Me muestra las razones que tiene para no trabajar con mi sociedad pero sí con la competencia... Me arriesgo a creerlo y a dejarme influir... Es más astuto que yo.

La dificultad de escuchar sin prejuicios

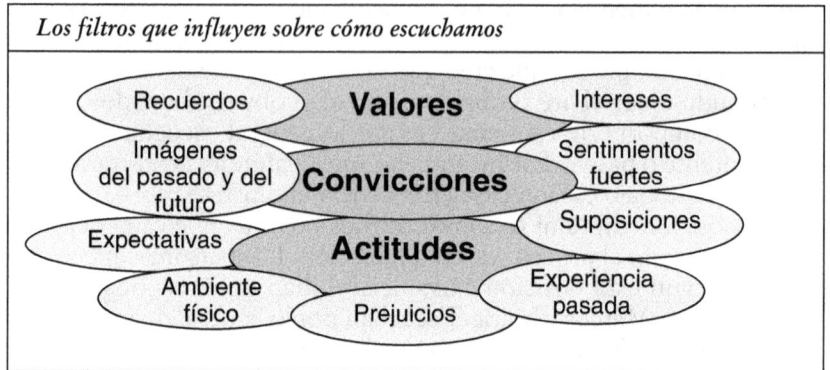

Los filtros que influyen sobre cómo escuchamos

Existen filtros de distintas naturalezas dentro de nosotros, de los que no somos conscientes y que condicionan nuestra escucha. Es importante ser conscientes de ellos porque a menudo nos llevan a tener un comportamiento improductivo. Tendremos una oportunidad de entender y de dar de nuevo forma a nuestros valores y actitudes; muchas veces acabamos creyendo de nuevo en convicciones fundadas.

Cuando las personas no son conscientes de cómo sus creencias influyen en lo que aprecian del trabajo y sus actitudes hacia algunos comportamientos de los demás, encuentran difícil escuchar los puntos de vista de los demás o aceptar su comportamiento. Normalmente las convicciones son profundas y fuertes, hasta el punto que han hecho decir: «He conocido a alguien sin convicciones pero que las defendía con pasión».

Por ejemplo, existen jefes que tienen la convicción de que cuando las personas hablan y están contentas de su trabajo no lo desarrollan correctamente (la teoría X de Mc Gregor). A causa de esta convicción, aprecian el silencio y la seriedad en el trabajo. Por otra parte, el colaborador cree que un ambiente de trabajo relajado y agradable evita que el trabajo sea aburrido y lo hace más aceptable. El colaborador aprecia por lo tanto a un jefe comprensivo y tolerante. Si el jefe no bromea un poco, el colaborador cree que el jefe es una persona «llena de sí misma», un «presuntuoso». Este tipo de jefe será capaz de dirigir pero no de guiar. Pero si los dos son inconscientes de sus actitudes, tendrán probablemente dificultades para relacionarse. Nuestras convicciones pueden incluso llevarnos a despreciarnos mutuamente, pueden interferir con nuestra habilidad de realización.

AUTODIAGNÓSTICO DEL ESTILO DE INFLUENCIA

Lea atentamente cada frase y decida si representa o no su comportamiento en relación con situaciones en las que es necesario influir en las demás personas. Haga referencia, al formular las respuestas, a las actividades normales que desarrolla cada día. Sea objetivo: el cuestionario, de hecho, será de escasa utilidad si no intenta formular una descripción objetiva de su comportamiento. Por otra parte, sólo está destinado a usted.

Al lado del número de cada frase, escriba la puntuación que haya escogido entre las cinco que proporcionamos a continuación y que corresponden a otras tantas respuestas.

+ 2   Corresponde exactamente a su comportamiento habitual.
+ 1   Se acerca bastante a su comportamiento habitual.
  0   Duda si corresponde a su comportamiento habitual.
− 1   Se aleja bastante de su comportamiento habitual.
− 2   No corresponde en absoluto a su comportamiento habitual.

No dude en utilizar los valores extremos. Su objetivo es el de ser lo más objetivo posible.

1. Delego en los demás tareas importantes incluso cuando existe el riesgo de ser personalmente criticado si no se realizan bien.

2. Llevo a cabo muchas ideas y muchos planes.

3. Estoy dispuesto a dejarme influir por los demás.

4. Argumento mis posiciones con rigurosa lógica.

5. Animo a las personas a encontrar sus propias soluciones a los problemas.

6. Cuando se oponen a mis ideas, rápidamente encuentro un contra-argumento.

7. Soy receptivo ante las ideas y las sugerencias ajenas.

8. Proporciono planos detallados para mostrar cómo tiene que hacerse un trabajo.

9. Admito enseguida mis errores.

10. Sugiero alternativas a las propuestas presentadas por otros.

11. Me solidarizo con los demás cuando tienen dificultades.

12. Defiendo mis ideas con convicción.

13. Escucho las ideas de los demás e intento hacerlas realidad.
14. No es insólito para mí exponerme con ideas y sugerencias.
15. Si los demás se enfadan o están descontentos los escucho con comprensión.
16. Expreso mis ideas con claridad.
17. Admito enseguida mi falta de conocimiento o de experiencia en algunas situaciones.
18. Defiendo con energía mis ideas.
19. Al desarrollar las ideas ajenas utilizo el mismo esfuerzo que al desarrollar las mías.
20. Anticipo las objeciones a mi punto de vista y estoy preparado con una contra-argumentación.
21. Ayudo a los demás para que se les escuche.
22. A menudo descuido las ideas ajenas para dar prioridad a las mías.
23. Escucho con comprensión incluso a las personas que no comparten mis ideas.
24. Cuando los demás no están de acuerdo con mis ideas, no me rindo sino que intento otros caminos para persuadirlos.
25. Estoy completamente abierto a expresar mis esperanzas, miedos, aspiraciones, y mis dificultades personales para alcanzarlas.
26. Soy creativo en el encontrar pruebas que apoyen mis propuestas.
27. Soy tolerante y acepto los estados de ánimo de los demás.
28. Hablo más de mis ideas de lo que escucho las de los demás.
29. Acepto críticas sin ponerme a la defensiva.
30. Presento mis ideas de forma organizada.
31. Ayudo a los demás a expresarse.
32. Llamo la atención sobre las incoherencias de las ideas ajenas.
33. Estoy dispuesto a moverme de mis posiciones para tomar en consideración las necesidades y los deseos ajenos.
34. Para mí no es insólito interrumpir a los demás mientras están hablando.
35. No hago ver que estoy seguro si no lo estoy realmente.
36. Utilizo muchas energías para discutir sobre lo que se tiene que hacer.

Hoja de cálculo

La tabla inferior le permitirá calcular dos puntuaciones sintéticas basándose en las respuestas que ha dado a las frases precedentes. Para calcular estas puntuaciones:

1. Sume las puntuaciones positivas atribuidas a las frases con número par y escriba el total en el espacio adecuado.
2. Sume las puntuaciones negativas atribuidas a las frases con número par y escriba el total en el espacio adecuado.
3. Repita las mismas operaciones de los puntos 1 y 2 pero refiriéndose a las frases con números impares.
4. Calcule las puntuaciones sintéticas haciendo la suma algebraica.

	FRASES PARES	FRASES IMPARES
PUNTUACIÓN TOTAL POSITIVA		
PUNTUACIÓN TOTAL NEGATIVA		
PUNTUACIÓN SINTÉTICA		

5. Señale ahora sus dos puntuaciones sintéticas en las escalas dibujadas a continuación.

Escala de las frases pares

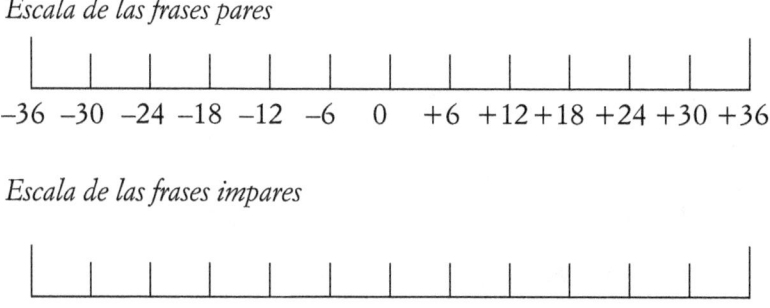

−36 −30 −24 −18 −12 −6 0 +6 +12 +18 +24 +30 +36

Escala de las frases impares

−36 −30 −24 −18 −12 −6 0 +6 +12 +18 +24 +30 +36

A las frases pares les corresponde un estilo *push* y a las impares un estilo *pull*.

NIVELES DE ESCUCHA

Intente indicar qué nivel de escucha (pasivo, intermitente o empático) se describe en los fragmentos de diálogo que se reproducen a continuación.

1	ELLA: «Querido, los chicos de hoy en día no son educados y...». ÉL: «¿Eh? ¿Qué decías?».
2	MARCOS: «El otro día me encontré a mi amigo Francisco. ¿Te acuerdas de qué mal quedó el año pasado en el concurso de pesca?». PEDRO: «¿Dónde te lo encontraste?».
3	LA MADRE: «Deberías comprar aspirinas, el periódico, el pan y pagarle a la portera». MARÍA: «Sí, compraré pan».
4	ESTUDIANTE: «Después de los exámenes de selectividad tendré que decidir a qué universidad voy. Tengo dudas sobre cuál escoger». PROFESOR: «¿Necesitas algún consejo o información?».
5	CLIENTE: «Ésta mañana me siento cansado. Tengo la sensación de estar sin fuerzas». FARMACÉUTICO: «¿Sufre algún trastorno en particular? ¿Ha consultado al médico?».
6	HIJO: «Me van bien el italiano y el francés, pero las matemáticas y la física no me interesan. Por suerte en biología me defiendo». PADRE: «Las matemáticas son una disciplina fundamental. ¡Tienes que estudiar más!».

7   NOVIO: «Podríamos hacer un viaje con la fórmula *fly&drive* o un crucero si lo prefieres».

   NOVIA: «Seguramente, seguramente...».

8   PACIENTE: «Digiero mal algunas cosas de las que como».

   MÉDICO: «Es decir, ¿tiene molestias después de comerlas? ¿Qué tipo de molestias?».

   PACIENTE: «No exactamente molestias digestivas. Por ejemplo, me salen granos si como algunas cosas. Mi mujer dice que es el hígado».

9   RECEPCIONISTA: «Disponemos de habitaciones dobles con ducha o con hidromasaje y una tarifa ligeramente superior. O también tenemos suites decoradas con muebles antiguos».

   VIAJERO: «Me está proponiendo fórmulas cada vez más caras, pero yo cogeré la menos cara».

10 LUIS: «Me han ofrecido el puesto de *marketing manager* en la Mc Gillen y no sé si aceptar porque...».

   AMIGO: «¡Bromeas! ¡No aceptar una ocasión como esta...! Te ascenderán enseguida y...».

Respuestas correctas

1. Pasivo
2. Intermitente
3. Intermitente
4. Empático
5. Empático
6. Pasivo
7. Pasivo
8. Empático
9. Empático
10. Intermitente

AUTOVALORACIÓN DE LA PROPIA POSICIÓN EXISTENCIAL

Intente responder con sinceridad a las siguientes afirmaciones.

N.º	Afirmaciones	Totalmente en desacuerdo	Parcialmente en desacuerdo	Parcialmente de acuerdo	Totalmente de acuerdo
1	Me gusta la vida de sociedad				
2	La opinión de los demás nos enriquece				
3	Hago siempre lo que quiero				
4	Me causan gran admiración mis superiores				
5	Estoy muy seguro de mí mismo				
6	Mi vida profesional no es para nada interesante				
7	Me consideran una persona plenamente realizada				
8	Me siento perfectamente cómodo conmigo mismo				
9	Me gusta tener siempre razón				
10	No me gusta tomar iniciativas				
11	Soy fatalista				
12	Estamos todos en el mismo barco				
13	Tiendo a culpabilizarme				
14	No debemos fiarnos nunca de los demás				

N.º	Afirmaciones	Totalmente en desacuerdo	Parcialmente en desacuerdo	Parcialmente de acuerdo	Totalmente de acuerdo
15	Doy siempre la impresión de saber más que los demás				
16	Tengo muchos amigos				
17	Tomo siempre mis decisiones de acuerdo con los compañeros				
18	No me molesta dar órdenes				
19	Asumo el menor número posible de responsabilidades				
20	Me siento inferior				
21	Me adapto con facilidad				
22	Soy prudente				
23	Tengo pocas esperanzas en el porvenir humano				
24	A veces me siento incómodo conmigo mismo				
25	Tiendo a infravalorarme				
26	Me doy fácilmente por vencido				
27	Para tener éxito es fundamental cooperar				
28	No se puede contar ni con los demás ni con uno mismo				

N.º	Afirmaciones	Totalmente en desacuerdo	Parcialmente en desacuerdo	Parcialmente de acuerdo	Totalmente de acuerdo
29	Tiendo a rebajar los valores ajenos				
30	Mi visión del mundo es relativamente pesimista				
31	Dudo a menudo de mis capacidades				
32	Soy derrotista por naturaleza				

Asigne a cada respuesta la puntuación correspondiente, atribuida de esta manera:

Totalmente en desacuerdo   1 punto
Parcialmente en desacuerdo   2 puntos
Parcialmente de acuerdo   3 puntos
Totalmente de acuerdo   4 puntos

Coloque las puntuaciones en la siguiente tabla en correspondencia con los números de las afirmaciones correspondientes.

Sume los puntos obtenidos en cada una de las cuatro columnas: una puntuación elevada reflejará la tendencia de su actitud.

Yo soy bueno / Tú eres bueno		*Yo soy bueno / Tú no eres bueno*		*Yo no soy bueno / Tú eres bueno*		*Yo no soy bueno / Tú no eres bueno*	
Afirmac.	Puntos	Afirmac.	Puntos	Afirmac.	Puntos	Afirmac.	Puntos
1		3		4		6	
2		5		10		11	
7		9		13		12	
8		14		19		23	
16		15		20		26	
17		18		24		28	
21		22		25		30	
27		29		31		32	
Total							

CUESTIONES IMPORTANTES

- *La importancia de escuchar con el corazón: un proceso de escucha efectivo se mueve por la exigencia de poner en común, de compartir los significados que los comunicantes atribuyen a las cosas que se han dicho; esta exigencia deriva del hecho de que cada uno de nosotros es distinto del otro por cultura, experiencia, edad, forma de sentir y sexo, por lo que es imposible entenderse completamente.*

- *La escucha eficaz permite reconocer a las personas los puntos de vista ajenos y acercarse en la comprensión de las necesidades recíprocas. Por lo tanto, la escucha precisa un proceso de investigación (el arte de hacer preguntas) para comprender, y un proceso de reflejo (mirroring) para ponerse en la misma longitud de onda, para sincronizar pensamientos, palabras y sentimientos entre los comunicantes.*

- *La escucha es un «instrumento» potente para reducir ansiedad, miedo y estrés; son muchas las personas que se dirigen a médicos, psicólogos o sociólogos sólo para ser escuchados. La verdadera escucha facilita el desarrollo del sentido de la confianza y permite que las personas se abran.*

- *La imagen que tenemos de nosotros mismos (el orgullo o la vergüenza de sí mismo) provocan una aproximación distinta a los demás y como consecuencia a la escucha.*

- *Si no somos conscientes de nuestras actitudes, tendremos probablemente dificultades para relacionarnos con los demás. Nuestras convicciones pueden incluso llevarnos a despreciar a los demás, es decir, que pueden interferir con nuestra habilidad de realización.*

Las barreras que impiden una escucha eficaz

Había una vez un joven príncipe que creía en todas las cosas menos en tres. No creía en las princesas, no creía en las islas y no creía en Dios. El rey, su padre, le decía que estas cosas no existían. Puesto que en los dominios paternos no había ni princesas, ni islas ni ningún signo de Dios, el príncipe creía en el padre.

Pero un buen día el príncipe dejó el palacio real y se dirigió al país vecino. Allí, con toda su gran maravilla, desde cada punto de la costa vio islas y, en esas islas, extrañas e inquietantes criaturas a las que no se arriesgó a dar un nombre. Estaba buscando un barco cuando desde la playa se le acercó un hombre con un traje de noche.

—¿Eso son islas de verdad? —preguntó el joven príncipe.

—Sí, claro, son islas de verdad —le respondió el hombre con traje de noche.

—¿Y esas extrañas e inquietantes criaturas?

—Son todas genuinas y auténticas princesas.

—¡Pero entonces también Dios debe existir! —gritó el príncipe.

—Yo soy Dios —respondió el hombre del traje de noche al tiempo que se inclinaba.

El joven príncipe volvió a casa rápidamente.

—Ya has vuelto —dijo el rey.

—He visto las islas, he visto las princesas, he visto a Dios —dijo el príncipe molesto.

El rey permaneció impasible.

—No existen ni verdaderas islas, ni verdaderas princesas, ni un verdadero Dios.

—¡Pero es lo que yo he visto!

—Dime cómo iba vestido Dios.

—Dios llevaba un traje de noche, de gala.

—¿Llevaba las mangas de la chaqueta giradas?
El príncipe recordaba que las llevaba giradas. El rey se rió.
—Es el traje del mago. Te han engañado.
Con estas palabras el joven príncipe volvió al país cercano y se dirigió a la misma playa donde se encontró de nuevo con el hombre con traje de noche.
—Mi padre el rey me ha dicho quién eres —dijo el príncipe indignado—. La otra vez me engañaste, pero no me volverás a engañar. Ahora sé que esas no eran verdaderas islas ni verdaderas princesas porque tú eres un mago.
El hombre de la playa sonrió.
—Es usted el que se engaña, joven. En el reino de su padre hay muchas islas y muchas princesas, pero usted está bajo el poder de su padre y no puede verlas.
El príncipe volvió a casa pensativo. Cuando vio a su padre lo miró directamente a los ojos.
—Padre, ¿es verdad que tú no eres un verdadero rey sino sólo un mago?
El rey sonrió y se subió las mangas.
—Sí, hijo mío, soy sólo un mago.
—Entonces el hombre de la playa era Dios.
—El hombre de la playa era otro mago.
—Tengo que saber la verdad que se oculta tras la magia.
—No hay ninguna verdad tras ella —dijo el rey.
Al príncipe le estaba invadiendo la tristeza.
—Entonces, me suicidaré —respondió.
El rey, con la ayuda de la magia, hizo aparecer a la muerte, quien desde la puerta hizo una señal que estremeció al príncipe. Recordó las bonitas islas pero irreales y las bonitas e irreales princesas.
—De acuerdo —dijo—, conseguiré soportarlo.
—¿Ves hijo mío? —dijo el rey—. Ahora tú también te estás convirtiendo en un mago.

Sin necesidad de encontrarse con magos o con reyes, cada uno de nosotros es capaz de darse cuenta de que la propia visión de la realidad es sólo una entre las tantas posibles y que sólo comparándolas con las demás visiones de la realidad es posible ampliar la propia.

Decimos las «mismas cosas» pero tienen significados distintos. Nuestros esquemas mentales o premisas son «ilusiones» útiles que nos ayudan a interpretar la realidad de forma mas ágil y rápida, pero que a veces pueden resultar limitantes.

Nuestro sistema perceptivo es tendencialmente estable y autoconfirmante y como tal limita nuestra posibilidad de aprender cosas realmente nuevas.

La comunicación interpersonal es potencialmente desestabilizante, nos puede obligar a un enfrentamiento a veces cansado, pero más útil cuanto más nos permite ampliar nuestros esquemas mentales.

La capacidad de observación y de escucha activa nos puede ayudar en este proceso de desarrollo personal.

Las barreras entre quien escucha y quien habla

Existe una única forma de escuchar de forma eficaz: concentrarse únicamente en la persona que habla. Muy fácil de decir pero no tanto de hacer. De hecho, normalmente se oye decir «habla demasiado», no «escucha mucho». Nos damos cuenta más fácilmente cuando nos sentimos no escuchados y no comprendidos, más que al contrario.

En general, prevalece la exigencia de expresarse más que la de entender; se tienen en cuenta las propias necesidades en detrimento de las de los demás.

De esta forma, la escucha tiene una dinámica egocéntrica y superficial.

CUANDO SE ESTÁ CONCENTRADO MÁS SOBRE UNO MISMO
QUE SOBRE LO QUE SE ESTÁ DICIENDO
▽
Se interviene de vez en cuando por pura satisfacción
▽
Sobre todo para rebatir y expresar las propias opiniones
▽
LA PROPIA OPINIÓN ES LO QUE CUENTA

Cuando nos detenemos a reflexionar sobre lo que hacemos cuando nos escuchamos, conseguimos identificar distintas costumbres —principalmente las variaciones del «pensar en otras cosas»— que interfieren con la comprensión. Estas son algunas:

— tiendo a preocuparme sobre cómo me mira la gente;
— no escucho las cosas, voy hacia delante antes de que la otra persona haya llegado a ello;
— cuando me aburro durante la escucha, sueño, hago mis cosas o soy crítico sobre lo que sucede;

- dejo de escuchar cuando estoy más interesado en los rasgos físicos de la persona que habla que en lo que está diciendo;
- cuando el tema me interesa personalmente, anticipo y espero que el otro acabe para poder discutir mi idea; si me impaciento, interrumpo;
- pienso por adelantado en lo que diré después;

¿Con cuál de estas costumbres se identifica?

La resistencia a la escucha es un prejuicio cultural

Una de las mayores barreras para una escucha eficaz es el hecho de que equiparamos hablar a control y poder.

Hablar se utiliza para ganar poder (discurso político, vender un producto a un cliente, vender una idea o persuadir a alguien para que esté de acuerdo con nosotros), para castigar (discusiones, ataques verbales), para relajar (charlas en la mesa, comentarios sociales divertidos) y para esconder o divulgar (los dependientes esconden ideas o se guardan lo que oyen). No hablar con alguien es un castigo y, por lo tanto, no escucharlo es hacer que se sienta «no bueno».

La resistencia a la escucha tiende a ser una norma cultural nuestra. Nos han enseñado a menudo que hablar representa acción y poder, y escuchar representa debilidad y apatía. Nos han enseñado que también las palabras al aire son siempre mejores que estar callados. Necesidades personales y de competición interfieren con el tomarse tiempo para escuchar.

Este tipo de pensamiento se reverbera en una actitud negativa hacia la escucha, que a menudo se identifica como un acto pasivo y de obediencia. Por otra parte, más allá de las costumbres y de los aspectos culturales de la escucha que se pueden «controlar», tenemos que considerar que el hombre piensa a una velocidad cuatro veces superior a la velocidad con la que habla, por lo que tendremos a pensar no en lo que estamos a punto de decir sino en otras cosas. Y de esta forma es fácil perder la concentración o intentar concluir la frase por los demás, haciendo el papel del intruso, del inoportuno o de quien, incluso, quiere apropiarse del pensamiento ajeno.

Si consideramos todo lo que hemos dicho hasta ahora, podemos valorar la actividad de la escucha como el intento de reducir la pérdida de información que se verifica en el proceso comunicativo emisión – atención – recepción.

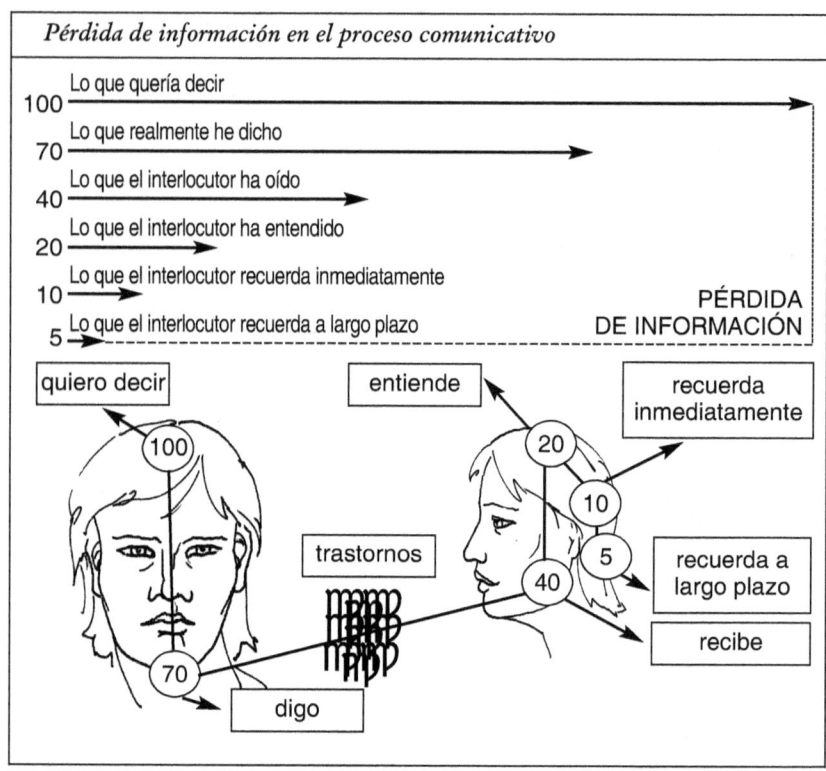

Cuidado con las pérdidas de información y con los trastornos de la escucha

La escucha es una experiencia altamente selectiva y subjetiva (véase acerca de esto el test sobre la recepción en la pág. 118).

Cuando esperamos oír ciertas cosas no escuchamos lo que realmente se dice. El proceso de percepción, recepción y atención se encuentra presente en cada situación. Según sean la situación y las motivaciones de la persona que escucha se pueden activar entre ellas y el que escucha diversas relaciones mentales. Tanto el que habla como el que escucha tienen poder y esto puede condicionar la calidad de la escucha.

Por ejemplo, nuestra percepción respecto a una persona, una situación o un sujeto puede influir nuestra recepción y toda la atención que le prestaremos. Por otra parte, cuanto más receptivos estamos hacia las personas y su punto de vista a causa de nuestra percepción positiva, más atentos estamos a lo que dicen. En otras palabras, si nuestras percepciones son positivas y no expresan juicios, seremos más receptivos hacia lo que sucede o lo que se dice.

Estos factores (percepción, recepción y atención) se producen de forma inconsciente. A menudo, las personas no son conscientes de los procesos internos que las distraen de la escucha a nivel empático. Una vez que se presta atención a lo que la persona que habla dice, para una percepción positiva, nuestros sentimientos y la forma en la que nos «suena» influirán en nuestra recepción y atención hacia lo que se ha dicho. Cuando nos sentimos bien y lo que se dice tiene un sentido para nosotros o nos «suena» justo, las informaciones se reciben a través de los cinco sentidos. Utilizar los cinco sentidos permite estar plenamente implicados en la información y estar abiertos para escuchar a nivel empático. Incluso el olor y el sabor influyen en cómo y en qué cosa escuchamos. Por ejemplo, ¿ha intentado escuchar a alguien con un aliento fuerte o con un mal olor del cuerpo o mientras come algo que encuentra delicioso o desagradable?

Oír sólo lo que se quiere oír

Las barreras para la comunicación se producen a causa de uno o de diversos filtros.

Por ejemplo, los filtros de la experiencia pasada pueden hacer que una persona que escucha sienta curiosidad por escuchar algo que satisfaga sus deseos. Esto sucede a menudo en el ámbito comercial, donde una persona está vendiendo a otra y quiere vender lo más posible. O también sucede que precisamente lo que se espera que digan provoca un «efecto sorpresa», que es la típica dinámica de la broma o del chiste.

Un ejemplo de chistes y escucha sería el de un famoso psicoanalista que por sus cuarenta años de profesión recibe el premio Freud. Después de la ceremonia, un estudiante se acerca a él y, tímidamente, le plantea una pregunta:

—Doctor, a saber cuántos pacientes ha tenido...
—Millares.
—¿Y no se ha cansado nunca de escuchar todos esos problemas, no se ha saturado con tantos complejos, tantas infamias que ha escuchado en todos estos años?
—¿A esos? —dijo sarcástico— ¿y quién los escucha?

TEST SOBRE LA RECEPCIÓN

Lea atentamente esta historia tres veces, luego tápela y responda a las preguntas haciendo un círculo alrededor de la uve (verdadero), de la efe (falso) o el interrogante si tiene dudas.

El teléfono sonó a las 10. Ramón tuvo un movimiento de irritación porque no le gustaba que lo molestaran.
— Hola, ¿está el señor Cifuentes?
— ¿Cuál de los dos?
— Andrés, el hijo.
— No está, pero puedo darle un encargo.
— De acuerdo. Es para decirle que la partida de mus con Pedro se ha aplazado hasta el jueves. Pablo tiene que ir a Londres el martes por cuestiones laborales y volverá tarde.
— Le daré el encargo en cuanto vuelva del hospital.
— Adiós.
— Adiós.

1. Al señor Cifuentes no le gusta que lo molesten por la noche	(V)	(F)	(?)
2. El señor Cifuentes tiene un único hijo	(V)	(F)	(?)
3. Pablo se va el martes a Londres	(V)	(F)	(?)
4. Pablo desempeña un cargo importante	(V)	(F)	(?)
5. La partida de mus tenía que jugarse el martes por la noche	(V)	(F)	(?)
6. El señor Cifuentes es un hombre atento	(V)	(F)	(?)
7. Pablo volverá el martes por la noche	(V)	(F)	(?)
8. Andrés trabaja en un hospital	(V)	(F)	(?)

Resultados

Las respuestas correctas, si lee atentamente, son las que ha marcado con el signo de interrogación. Compare sus resultados con los de un amigo; podrá ver cómo cada uno de nosotros leemos la misma cosa con premisas y resultados distintos.

Los prejuicios provocan una escucha parcial

Otro bloqueo de la escucha se produce cuando nos formamos una opinión sobre el nivel y el valor de lo que se dirá. Etiquetamos la información antes del tiempo como algo no importante, demasiado aburrida, demasiado compleja o como algo nuevo y nos volvemos ansiosos esperando que quien hable acabe.

Nuestra escucha puede ser preconcebida debido a una mala experiencia que hemos tenido con la persona con la que estamos comunicando.

Una persona que escuche de forma parcial tiende a cambiar el mensaje de forma positiva o negativa, y a menudo se ve implicado emotivamente hasta el punto que la escucha eficaz sufre por ello.

Algunas palabras pueden evocar sentimientos fuertes y por ello crear barreras para una escucha eficaz. Nosotros conectamos significados emotivamente etiquetados por situaciones precedentes a las mismas palabras. Algunas palabras pueden influir a la persona que escucha de tal forma que su reacción desemboca en el nivel de escucha más superficial, porque sus emociones causan distracciones internas de lo que está sucediendo, de forma que interfiere con la escucha a nivel empático. Inconscientemente, nos apartamos de lo que clasificamos como negativo.

Una variación de este fenómeno es la forma en la que incluso palabras positivas pueden influir una reacción emotiva que puede interferir con nuestra escucha. Por ejemplo, imagínese intentando escuchar a alguien que le acaba de decir que ha hecho algo con éxito, que su aproximación se ha centrado sobre el objetivo y luego... continúe dándole otras informaciones sobre como implementar el procedimiento de trabajo. Podría estar tan ocupado respondiendo positivamente a las afirmaciones sobre usted que no escucharía lo que la persona está diciendo sobre las mejoras en el procedimiento.

Las palabras positivas así como las negativas tienen un impacto sobre nuestro comportamiento de escucha. Todas las veces que una palabra, una frase o un argumento nos provocan una reacción emotiva, existe la posibilidad de que lo que se dice después no se escuche a nivel empático.

Los efectos de las emociones sobre la escucha

Además de las palabras que influyen en nuestras emociones, existen algunos argumentos de los que no queremos hablar, que tienen una razón emotiva para no discutir sobre ellos. Estas áreas son «puntos

dolorosos» para nosotros. Cuando otra persona presiona sobre estos puntos dolorosos con una palabra, una frase o un argumento, nuestra mente funciona según ciertos filtros: experiencias pasadas, convicciones o premisas relacionadas con lo que el otro dice.
Como medida de defensa, a menudo estamos en armonía con la persona que habla, formulamos réplicas o preguntas para confundir a la persona que habla.
Cambios potenciales en nuestras percepciones pueden implicar fuertes sentimientos.
A menudo los primeros sentimientos que aparecen son la frustración y la confusión.
Para reducirlos, evitamos mentalmente lo que quien habla está diciendo y le damos la vuelta para no alterar nuestras percepciones, convicciones u opiniones.
Tener experiencia en emociones fuertes, tanto positivas como negativas, normalmente interfiere con la habilidad de la escucha. Los sentimientos fuertes son una entre las barreras que influyen en la escucha eficaz y a veces causan confusión y desorganización.

Expresiones que deben evitarse

Finalmente existen diversas expresiones verbales, como las que citamos, que predisponen a una escucha parcial.

• Expresiones negativas: «Sólo le robo un minuto»; «no le aburriré»; «no quiero molestarle».

• Expresiones que evocan imágenes negativas, como temor, riesgo, incertidumbre o peligro.

• Expresiones que hacen sentir mal al oyente: «Se equivoca, no estoy de acuerdo».

• Expresiones condicionales, con uso de tiempos en futuro, condicional y subjuntivo.

• Falso llamamiento a la confianza.

• Expresiones ceremoniosas que desvalorizan y sitúan en un nivel de inferioridad: «Perdone si le hago perder el tiempo».

Los demás trastornos de la escucha

Barreras físicas: el cansancio de escuchar

La última barrera que consideramos es la física: lo que sucede físicamente influye en una eficaz escucha individual. En algunos momentos del día tenemos más energía que en otros. El cansancio es un factor que incide en la escucha puesto que escuchar precisa concentración y esfuerzo. Cuando no nos sentimos en forma tenemos más dificultades para estar atentos. Es más fácil soñar y distraerse cuando nuestro nivel de energía es bajo. Cuando tenemos problemas personales nuestra energía se utiliza a menudo para pensar en estos problemas, lo que disminuye la cantidad de energía disponible para escuchar a nivel empático. Los problemas personales a veces consiguen insinuarse en nuestra mente mientras otra persona está hablando.

Otro factor que puede causar cansancio es la lentitud; la media de palabras de quien habla es de 200 por minuto, pero la persona que escucha puede elaborar informaciones de 300 a 500 palabras por minuto. Es fácil gastar este tiempo de lentitud para soñar y pensar en cosas personales. Se necesita energía para utilizar esta diferencia de forma productiva, como resumir completamente lo que la persona ha dicho, visualizar lo que se dice o asociarlo con algo que ya se ha establecido. La barrera del cansancio se encuentra a menudo presente durante las reuniones, especialmente las mantenidas al final del día o por la noche. Las personas que participan ya han gastado una energía considerable durante el trabajo diurno. Con este factor de baja energía, la escucha en las reuniones puede resultar aburrido. Normalmente, la agenda de las reuniones no interesa a todos los participantes de la misma forma. En este caso, sería importante escuchar a nivel intermitente para estar seguros de no perder las informaciones que se necesitan. Si algo de lo que se dice le afecta directamente, podría desplazarse al nivel empático para poder elaborar las informaciones. Podría anotar algo para revisarlo luego.

Barreras semánticas: los significados se encuentran en las personas, no en las palabras

Cada uno atribuye un propio valor/significado a las palabras porque las filtra a través de sus propias convicciones, conocimientos, estudios, educación y experiencias. De ello se deriva que dos personas no dan el mismo significado a la misma palabra o expresión: los significados no se encuentran en las palabras sino en las personas.

El diccionario contiene millares de palabras, sin embargo la media de los adultos utilizan aproximadamente sólo unas 500 y cada una de ellas tiene entre 20 y 25 significados. Una palabra es simplemente una representación de una cosa, no es la cosa en sí misma, y puede tener un significado distinto para quien habla o para quien escucha. La práctica de resumir lo que creemos que ha dicho la persona que habla, como control, puede asegurar la comprensión.

Nosotros expresamos juicios sobre las personas basados en cómo entendemos lo que vemos o lo que percibimos. Valoramos la competencia y la motivación individual a través de nuestros filtros semánticos.

¿Ha intentado alguna vez hacer de moderador entre dos personas que discuten diciendo: «Espera un momento, él no ha dicho lo que tú has dicho que ha dicho»?. En general, las personas no cambian a propósito lo que oyen; simplemente no oyen la misma palabra de la misma forma. Cada uno recibe datos de los sentidos de una forma única; no se trata de datos «brutos», «desnudos», sino más bien filtrados e interrumpidos por el receptor.

Distracciones externas: concentrarse es esencial

Hasta aquí hemos hablado de distracciones internas, pero también los factores externos pueden interferir con una escucha eficaz. Estos son algunos de ellos:

— el que habla, no lo hace con voz suficiente alta o susurra;
— afectación del que habla;
— ruidos como tráfico, mecanismos, etc.;
— temperatura, demasiado calor o demasiado frío;
— acústica defectuosa;
— visión de actividad o escenarios externos;

Pueden incidir sobre la habilidad de escuchar otras cosas, como:

— revolverse;
— garabatear;
— temporales;
— mascar chicle;
— combinaciones de colores en las paredes;
— estar sentados entre personas que no se conocen.

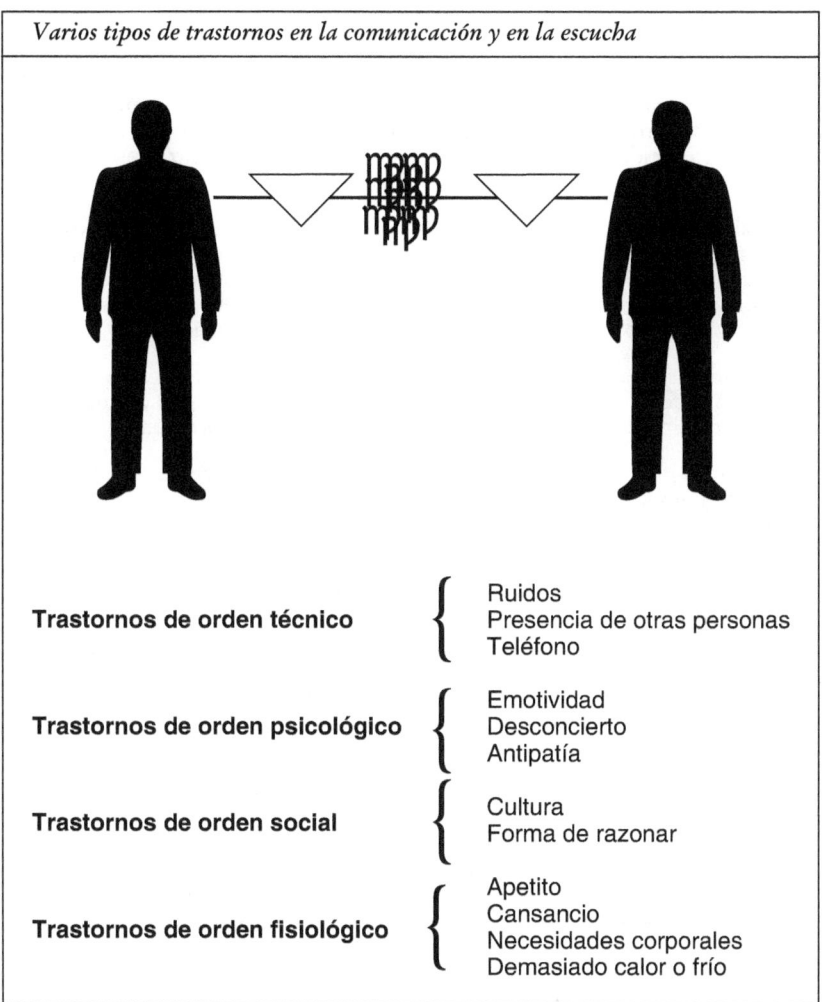

Reconocer el tipo de oyente

La forma con la que las personas escuchan varía en relación a la situación, a las necesidades del momento, etc. Obviamente, el tipo de personalidad tiende a inducir formas de escucha particulares. Para ello es útil la división en tres tipologías de personalidades ilustradas en las tablas de la página siguiente.

Personalidad inhibida	Personalidad afirmativa	Personalidad agresiva
Retrasa la toma de iniciativas; permite que los demás decidan por ella.	Asume iniciativas si se le consulta; examina racionalmente las alternativas.	Asume siempre ella las iniciativas y boicotea y polemiza con las ajenas.
No alcanza sus propios objetivos o lo hace con mucho esfuerzo y frustración.	Alcanza muy a menudo sus propios objetivos sin despreciar a los demás.	Puede alcanzar los objetivos (inmediatos) personales y de trabajo pero a costa de los demás.
Permite que los demás violen sus derechos o que la manipulen.	Defiende sus propios derechos respetando los de los demás.	Tiende a violar los derechos y a manipular a los demás.
Se siente a menudo frustrada, insatisfecha e insegura.	Se siente confiada y segura, tiene una imagen real de sí misma.	Se siente a menudo hostil y rencoroso, humilla y desaprueba a los demás.
Emotivamente inhibida y reprimida, tiende a aislarse.	Emotivamente adecuada y expresiva, tiende a la interdependencia.	Emotivamente explosiva e incontrolada, tiende a entrometerse.
Genera en el interlocutor sensaciones de malestar, aburrimiento, irritación o disgusto.	Genera en el interlocutor apertura, colaboración y sensaciones de confianza.	Genera en los demás posiciones de defensa o inhibiciones, sensaciones de cólera o de «venganza».
Tiende a recibir comunicaciones sin responder.	Busca comunicaciones a dos vías, da y escucha.	Tiende a emitir comunicaciones de una vía, no escucha.

	Pers. inhibida	Pers. afirmativa	Pers. agresiva
Objetivo relacional	recibir protección evitar conflictos	obrar para el respeto de sí mismo y de los demás	vencer/dominar
Cercanía a los otros	complaciente/ incierto	flexible/ operativo	prevaricante manipulador
Relación con la frustración	se autoculpabiliza y pide ayuda	busca soluciones al problema	culpabiliza a los demás

El que finge escuchar

Algunas personas fingen atención, simulan la escucha cuando en realidad su mente ya ha volado hacia otros pensamientos. Fingen atención porque piensan que así agradan a la persona que habla. A menudo, las personas que desean estar atentas tienen los ojos inmóviles sobre la persona que habla. Se cansan tanto interpretando el papel del oyente atento que acaban por no escuchar nada de nada. ¿Ha visto alguna vez a una persona que finge escuchar sonriendo y asintiendo con la cabeza, cuando nada ni en la sonrisa ni en el hecho de asentir concuerda con lo que está diciendo la persona que habla?

Otros intentan fingir que son buenos oyentes intentando memorizar cada hecho, pero perdiendo el objetivo del mensaje. Sin embargo, dan la impresión de escuchar con interés y curiosidad. Esta necesidad de sentir y memorizar todo lo que se dice lleva normalmente a una sobrecarga y a un agarrotamiento de la comunicación. Se trata de un comportamiento de escucha que puede ser tanto el de las personalidades inhibidas como el de las personalidades agresivas.

El que se preocupa demasiado por las apariencias

Algunos oyentes son muy dependientes y viven de forma vicaria/delegada a través de las opiniones, los deseos y los sentimientos de los demás. A menudo sus sentimientos se evocan (se suscitan) en situaciones de comunicación interpersonal, haciendo difícil para ellos tratar argumentos abstractos. Están tan preocupados sobre cómo escuchan y reaccionan ante la persona que está hablando que pierden realmente lo que se dice. En su urgencia por estimular/obtener una impresión favorable en/para quien habla, se centran sobre cómo aparecen ante los demás más que en su claridad y en el contenido de lo que se dice. Este tipo de escucha es típico de la persona inhibida.

El que interrumpe

Algunas personas tienen la costumbre de interrumpir a los demás cuando hablan: piensan que pueden olvidarse de lo que quieren decir si no interrumpen. A menudo se sienten ansiosos si no son capaces de decir lo que tienen en la cabeza. La persona que trabaja con ellos se siente a menudo frustrada y cansada de este comportamiento.

Hablar de algo que no tiene nada que ver con lo que se está diciendo es otra forma de interrupción; se realiza cuando la persona que habla está discutiendo de algo que, para el oyente, es desagradable o supone una amenaza. Desviar la conversación y llevarla hacia argumentos que no son pertinentes es también un medio para sortear la cuestión de la que realmente se está discutiendo.

Este tipo de experiencia puede ser desalentadora y frustrante pero está muy difundida. Los problemas no se resuelven cuando una persona es hábil al desviar el problema real. Cuando nos encontramos en esta situación, se pueden utilizar expresiones como:

— «esta (es decir, la que se ha abandonado para desviar a la persona que habla) no es la razón de esta discusión»;
— «esto no es ahora relevante para nuestra discusión, estamos hablando de...».

Utilizando este tipo de afirmaciones, se controla la discusión y se llega a una solución.

El que presta demasiada atención a sí mismo

Algunos individuos prestan demasiado atención a sí mismos pensando: «¿Lo estoy haciendo bien o mal?»; «¿Tengo un buen aspecto?»; «Me gustaría saber si la persona que habla piensa que soy inteligente», y olvida ocuparse del contenido y del significado de la comunicación.

La autoconciencia puede verse como una especie de preocupación interna que va en detrimento de la escucha eficaz. Cuando las personas están demasiado ansiosas y preocupadas sobre cómo va la discusión, pierden de vista su espontaneidad y se centran demasiado en sí mismas, dando la impresión de no tener el control de sus sentimientos y acciones.

En este tipo de situación la persona que habla está obligada a reequilibrar el estado emotivo del oyente porque este es incapaz de hacerlo por sí mismo. Se trata de un estilo de escucha activado sobre todo por las personas con una personalidad inhibida.

El que escucha sólo las palabras

Estos oyentes escuchan principalmente con la cabeza, sintiendo sólo lo que quieren sentir, borrando amplias áreas de la realidad implicadas en la comunicación. Puesto que están principalmente interesadas en una valoración racional, tienden a descuidar los aspectos emotivos y no verbales del comportamiento de la persona que habla. Por ello escuchan sólo las palabras y no el mensaje completo. Su valoración de lo que se dice se orienta a menudo hacia la interpretación de las afirmaciones verbales, con la pérdida de las intenciones menos obvias.

Escuchan en términos de categorías, conformándose con que lo que reciben no trastorne su paz interior y su orden sistemático, como si lo almacenaran en un banco de datos.

Si una afirmación no se almacena en una secuencia lógica, su mente la rechaza como no válida.

Este tipo de oyente está tan preocupado en programar/ordenar lo que se dice que elimina la experiencia del sistema sensitivo y pierde de esta forma la oportunidad de conocer realmente el acontecimiento. El cerebro está tan ocupado haciendo cálculos que no se da la posibilidad al cuerpo de sentir la comunicación. Como resultado, la comunicación no verbal se ignora. Todo esto sucede porque el oyente es insensible a las propias emociones y a las de los demás.

Cómo hacerse escuchar

Naturalmente existen situaciones en las que una persona se convierte en una especie de barrera viviente a la escucha utilizando modalidades agresivas o pasivas (no afirmativas).

Presentamos a continuación algunas líneas guía que pueden ayudar a superar las resistencias a la comunicación.

1. Pida más aclaraciones para apoyar lo que la persona ha dicho en lugar de desaprobar o contradecir lo que dice.

2. Busque un punto que le permita construir un acuerdo en lugar de estar en desacuerdo. Si no puede encontrar algo en el contenido de la discusión, muéstrese de acuerdo con lo que siente la persona: «Entiendo tu sentimiento de frustración cuando no consigues encontrar una solución que vaya bien».

3. Controle su eventual y natural deseo de pisotear al otro mostrando sus puntos débiles. Haga preguntas sobre los puntos que no van acompañados con ejemplos o hechos, pero hágalo de manera que mantenga su autoestima y la de los demás intacta.

4. Utilice todas las oportunidades para reforzar positivamente el comportamiento, las ideas y las acciones del otro.

5. Para hacer cumplir sus instrucciones y alcanzar sus objetivos, es importante recordar que las personas desean atención positiva en lo que dicen y hacen. Desean comprensión y claridad en lo que se espera de ellos, junto a una aceptación de ellos mismos y de sus ideas.

6. Muy raramente alguien cambia porque se le diga de forma directa. Si quiere influir en la persona que escucha y hacer que vea las cosas de forma distinta, evite utilizar un lenguaje amenazante, verbal o no verbal. Así disminuirá la necesidad de defensa del interlocutor.

7. Anticipe las cosas que podrían inducir a la persona que habla a resistir. Tenga en consideración a su interlocutor, sea empático e intente conocerlo.
Lo puede hacer de la siguiente forma:

— siendo consciente de sus convicciones: ¿cómo ve el mundo?;
— ¿qué lo hace sentir cómodo y seguro?;
— ¿qué lo desequilibra?;
— ¿qué tipo de frases le pueden ayudar a entenderlo?

8. Las personas resisten menos y escuchan más según la credibilidad. Cuando sea posible, construya su credibilidad a través de los siguientes medios:

— *competencia:* ¿cuánto sabe, cuánta experiencia tiene y cómo está preparado?;
— *información:* ¿está bien informado sobre cómo van las cosas y pasa las informaciones a los demás?;
— *fiabilidad:* ¿le creen cuando hace las cosas en interés de los demás?, ¿está seguro y es honesto, mantiene su palabra y no hace promesas que no puede mantener?; si se encuentra en una posición de autoridad, ¿sigue a sus colaboradores, permanece empático y ve las cosas tal como las ven los demás?;
— *energía:* ¿tiene la capacidad de ver a través de las cosas y hace lo que se promete que hará?, ¿consigue acabar el trabajo?

En otros casos puede existir una conflictualidad interpersonal que impide la escucha recíproca.

RESUMIENDO, LOS BUENOS OYENTES

- Tienen una actitud positiva.
- Comprenden las ventajas.
- Aprecian la complejidad.
- Se concentran en las exigencias del interlocutor y no en las propias.
- Son pacientes.
- No interrumpen.
- Atienden tanto a los hechos como los elementos emotivos.
- Atienden tanto con los ojos como con las orejas.
- No pasan a posiciones defensivas.
- Dan una respuesta inmediata y específica.

LOS BUENOS OYENTES SON CAPACES DE RECONOCER LOS COMPORTAMIENTOS «EMBUSTEROS»

- Un agudo en la voz.
- El evitar el contacto visual.
- Un menor número de movimientos de la cabeza.
- Un descenso de la eficacia expresiva.
- La utilización del discurso indirecto.
- Pausas y errores de lenguaje.
- Respiración rápida o menos profunda.
- Un aumento del movimiento de los párpados.
- Dilatación de las pupilas.
- Expresiones sofocadas.
- Alzamiento del tono, aceleración del discurso.
- Palidez o enrojecimiento del rostro.

ESCUCHA EFICAZ

CAPACIDAD DE ASUMIR EL PUNTO DE VISTA DEL OTRO

FLEXIBILIDAD LINGÜÍSTICA Y SEMÁNTICA	TOMAR CONCIENCIA DE LOS CÓDIGOS LINGÜÍSTICOS PERSONALES Y AJENOS
ROLE-TAKING (asumir el punto de vista del otro)	SUPERAR EL EGOCENTRISMO
RECODIFICACIÓN VERBAL PARA EL OTRO	DESARROLLAR EL LENGUAJE DE PRECISIÓN SEGÚN LOS PRINCIPIOS DE LA PNL
DISPONIBILIDAD EMOTIVA	TOMAR CONCIENCIA DE LOS ESTADOS EMOTIVOS PROPIOS Y AJENOS

TEST DE ACTITUDES DE ESCUCHA

Piense de nuevo en una discusión que haya tenido recientemente en el trabajo o entre amigos e intente recuperarla según el siguiente esquema.

- Cuáles eran las motivaciones o necesidades de su interlocutor

....
....
....
....
....

- En qué medida usted los ha entendido

    En absoluto | 1 | 2 | 3 | 4 | 5 | 6 | Completamente

- Tras el enfrentamiento se ha verificado

    Máxima incompatibilidad | 1 | 2 | 3 | 4 | 5 | 6 | Máxima compatibilidad

- Ha encontrado mayormente beneficios o desventajas

    Desventajas | 1 | 2 | 3 | 4 | 5 | 6 | Beneficios

- Su interlocutor ha tenido una reacción

    Negativa | 1 | 2 | 3 | 4 | 5 | 6 | Positiva

- ¿Cómo la describe?

....
....
....
....

Le parece haber demostrado:

DISPONIBILIDAD	Para nada [1｜2｜3｜4｜5｜6]	Completa
CONTACTO	Mínimo [1｜2｜3｜4｜5｜6]	Constante
RECONOCIMIENTO	Escaso [1｜2｜3｜4｜5｜6]	Completo
SEGURIDAD	Mínima [1｜2｜3｜4｜5｜6]	Máxima
ARROGANCIA	Mucha [1｜2｜3｜4｜5｜6]	En absoluto
SERENIDAD	Poca [1｜2｜3｜4｜5｜6]	Máxima
TENSIÓN/ANSIEDAD	Mucha [1｜2｜3｜4｜5｜6]	En absoluto

Durante la escucha:

HA EXPRESADO JUICIOS DE VALOR	A menudo [1｜2｜3｜4｜5｜6]	Nunca
SE HA PUESTO EN LA PIEL DE OTRO	Nunca [1｜2｜3｜4｜5｜6]	Siempre
HA ESCUCHADO CON SILENCIO	Nunca [1｜2｜3｜4｜5｜6]	Siempre
HA COMPROBADO SU COMPRENSIÓN A TRAVÉS DE PREGUNTAS Y RESÚMENES	Nunca [1｜2｜3｜4｜5｜6]	Siempre

AUTODIAGNÓSTICO DE LA ESCUCHA

A continuación encontrará treinta afirmaciones sobre el comportamiento de un oyente. Indique con qué frecuencia adopta usted estos comportamientos.

	Comportamiento de escucha	Casi siempre	A menudo	Alguna vez	Nunca
1	¿Deja de escuchar a quien dice algo sobre lo que no está de acuerdo o que no le interesa?				
2	¿Se concentra en lo que se dice aunque no le interese?				
3	¿Cuando presume adivinar lo que están a punto de decirle deja de escuchar?				
4	¿Repite con sus palabras lo que el interlocutor acaba de decir?				
5	¿Escucha el punto de vista de otra persona aunque sea distinto del suyo?				
6	¿Toma en consideración todo lo que se dice aunque no sea muy importante?				
7	¿Se preocupa y pide el significado de las palabras que no conoce?				
8	¿Piensa en cómo rebatir cuando todavía le están hablando?				
9	¿Finge escuchar atentamente cuando no le interesa algo?				
10	¿Piensa en otra cosa mientras los demás hablan?				
11	¿Se limita a seguir el sentido del discurso sin preocuparse de los detalles?				
12	¿Se da cuenta de que las palabras no tienen exactamente el mismo significado para todos?				
13	¿Escucha sólo lo que le interesa, descuidando el resto del mensaje?				
14	¿Mira al interlocutor?				

	Comportamiento de escucha	Casi siempre	A menudo	Alguna vez	Nunca
15	¿Se concentra en las palabras de la persona que habla y se preocupa de sus expresiones?				
16	¿Sabe cuáles son las palabras o las frases capaces de suscitar en usted una reacción emotiva?				
17	¿Reflexiona sobre lo que quiere obtener con su comunicación?				
18	¿Espera la mejor ocasión para comunicar lo que quiere decir?				
19	¿Piensa en cómo podría reaccionar su interlocutor?				
20	¿Escoge la mejor manera (escrita, oral, por teléfono, sobre la pizarra, una nota, etc.) de comunicar?				
21	¿Observa la expresión del interlocutor (preocupada, hostil, indiferente, tímida, impaciente, testaruda, etc.)?				
22	¿Tiene la impresión de «ser ignorado» por el interlocutor?				
23	¿Tiende a presumir que el interlocutor sabe ya de lo que se trata?				
24	¿Deja que el interlocutor exprese su hostilidad hacia usted sin interrumpirlo de inmediato?				
25	¿Practica regularmente para mejorar su capacidad de escucha?				
26	¿Toma notas para recordar mejor?				
27	¿Consigue mantener la concentración sin distraerse con sonidos o ruidos?				
28	¿Escucha sin juzgar ni criticar a la persona que habla?				
29	¿Repite mensajes e instrucciones para estar seguro de haber entendido bien?				
30	¿Se hace una idea anticipada de lo que desea decir su interlocutor?				

Cálculo de la puntuación

Comportamiento de escucha	Casi siempre	A menudo	Algunas veces	Nunca
1	1	2	3	4
2	4	3	2	1
3	1	2	3	4
4	4	3	2	1
5	4	3	2	1
6	4	3	2	1
7	4	3	2	1
8	1	2	3	4
9	1	2	3	4
10	1	2	3	4
11	4	3	2	1
12	4	3	2	1
13	1	2	3	4
14	4	3	2	1
15	4	3	2	1
16	4	3	2	1
17	4	3	2	1
18	4	3	2	1
19	4	3	2	1
20	4	3	2	1
21	4	3	2	1
22	4	3	2	1
23	1	2	3	4
24	4	3	2	1
25	4	3	2	1
26	4	3	2	1
27	4	3	2	1
28	4	3	2	1
29	4	3	2	1
30	4	3	2	1

Total: ....

Valoración de los resultados

La puntuación máxima que se puede obtener es de 120, la mínima es de 30.
Se consideran puntuaciones de escucha satisfactoria las que tienen 75 o más puntos, se consideran óptimas las de 100 o más puntos. Puntuaciones inferiores a los 75 señalan alguna dificultad en la escucha. Compruebe en qué situaciones específicas obtiene una puntuación de 1 o 2.

CUESTIONES IMPORTANTES

- *Las barreras que impiden una escucha eficaz: nuestro sistema perceptivo es tendencialmente estable y autoconfirmante y como tal limita nuestras posibilidades de aprender cosas realmente nuevas. La comunicación interpersonal es potencialmente desestabilizante, esto puede obligar a un enfrentamiento a veces fatigante, pero más útil cuanto más permite ampliar nuestros esquemas mentales.*

- *Podemos valorar la actividad de escucha como el intento de reducir la natural pérdida de información que se verifica en el proceso comunicativo entendido como emisión – atención – recepción.*

- *Para estar totalmente implicados en la información y abiertos a la escucha a nivel empático es necesario utilizar los cinco sentidos.*

- *Algunas palabras pueden evocar sentimientos fuertes y por ello crear barreras a una escucha eficaz, influyendo en la persona que escucha de tal forma que su reacción desemboque en el nivel de escucha más superficial.*

- *Las emociones causan distracciones internas sobre lo que está sucediendo, interfiriendo con la escucha a nivel empático. Inconscientemente, nos alejamos de lo que clasificamos como negativo.*

- *Cada vez que una palabra, una frase o un argumento provocan una reacción emotiva en nosotros, existe la posibilidad de que lo que se dice después no se escuche a nivel empático.*

Escucharse a uno mismo para escuchar mejor

Gran parte de la eficacia de la escucha deriva, además del saber utilizar las técnicas apropiadas de la escucha, de la motivación a la escucha que tenemos en cada contexto o situación.

La conciencia de uno mismo crece gradualmente aprendiendo a conocer cómo nos hablamos a nosotros mismos, cómo se desarrolla nuestro diálogo interior. Si el diálogo interno es de carácter negativo y se ha convertido en una «costumbre mental», sus respuestas se traducen en comportamientos no productivos, defensivos, círculos viciosos, estrés y sobre todo el nivel de autoestima disminuye.

Es importante escucharse sin juzgarse, ser nuestros mejores amigos en lugar de ser el «peor de los enemigos». Entender qué creencias nos guían o incluso «viven» nuestra vida. Recordando que «nadie puede hacerte sentir inferior sin tu consentimiento».

La autoconciencia y la mayor productividad en la escucha puede alcanzarse escuchándose a sí mismo.

A menudo, cuando nos volvemos conscientes de cómo nos hablamos a nosotros mismos, nos sorprende el tono negativo de nuestro propio diálogo interior. Estas reacciones automáticas pueden ser la causa de comportamientos no productivos que desembocan en cierres, defensa, estrés y poca determinación.

Es difícil entender a los demás hasta que aprendemos a escucharnos de forma eficaz. Cuando asumimos la responsabilidad de nosotros mismos, siguiendo el camino del autodesarrollo, la eficacia personal y el poder positivo pueden ser un privilegio y no una dificultad.

Vivir con conocimiento significa instaurar un acuerdo entre nuestros valores y nuestros objetivos, actuar en equilibrio con lo que somos.

Los traumas pueden obligar a la persona a «no ver» o a «no sentir». Y esto al final genera profundas ansiedades y conflictos.

Ser conscientes no precisa sólo conocimiento de sí mismo, sino también una relación sincera consigo mismo y con los demás; se trata de un proceso continuo de reconocimiento de la propia especificidad y autenticidad.

Conciencia	+	Honestidad	=	Autenticidad
Conciencia	+	Mentira	=	Engaño deliberado
Conciencia	+	Silencio	=	Engaño implícito
Inconciencia	+	Honestidad	=	Autoengaño

Reconocer el propio pensamiento

Desarrollar la costumbre de escuchar lo que se piensa es el primer paso para ser más consciente del porqué nos sentimos y nos comportamos de esta forma.

La conciencia puede llevar a la comprensión de las convicciones sobre las cuales nos basamos para vivir. Estas convicciones pueden desembocar en el sentimiento de que fuerzas externas controlan nuestra vida y que no somos amos de lo que hacemos y sentimos.

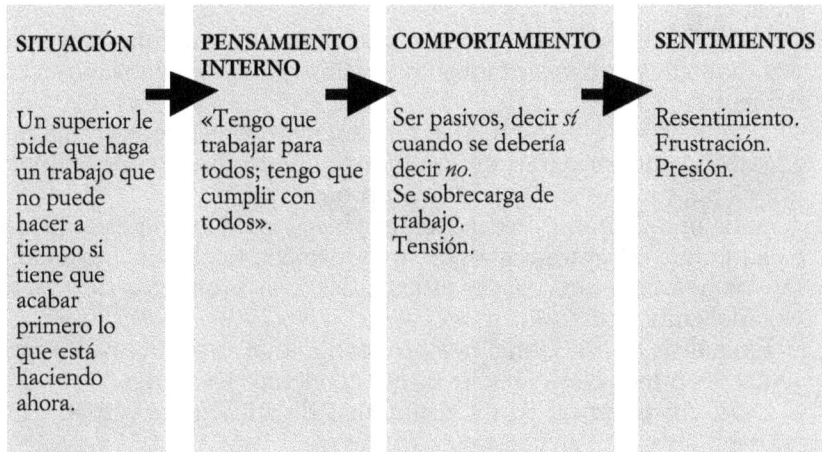

SITUACIÓN	PENSAMIENTO INTERNO	COMPORTAMIENTO	SENTIMIENTOS
Un superior le pide que haga un trabajo que no puede hacer a tiempo si tiene que acabar primero lo que está haciendo ahora.	«Tengo que trabajar para todos; tengo que cumplir con todos».	Ser pasivos, decir *sí* cuando se debería decir *no*. Se sobrecarga de trabajo. Tensión.	Resentimiento. Frustración. Presión.

137

Veamos a continuación cómo se puede transformar un círculo vicioso en virtuoso.

Identificando los diálogos internos no productivos, podemos examinar de nuevo la convicción que causa ese proceso de pensamiento en particular. Este autoexamen nos permite aprender cuándo un cierto proceso de pensamiento es útil y cuándo es autofrustrante.

Descubriendo la convicción que causa nuestra forma de pensar negativamente, podemos formular una versión modificada de esa convicción.

En la vida nosotros formulamos muy pronto convicciones que influyen todo nuestro comportamiento e incluso cómo nos hablamos internamente.

Durante todo el tiempo en el que nuestras convicciones están más allá de la conciencia, nosotros colocamos de forma inconsciente bloques a nuestro desarrollo personal y profesional.

Cada uno de nosotros para sentirse bien activa los imperativos que ha adquirido durante los años de su formación psicológica; estos imperativos permiten afrontar las dificultades y los problemas de adaptación del ambiente.

El análisis transaccional nos proporciona un esquema para representar los principales imperativos que tendemos a adoptar.

Estos cinco imperativos son síntomas de eficacia, es verdad, pero también presagian efectos negativos.

Sé perfecto

Es propio de personas que tienen la necesidad de saberlo todo, de dominar y de controlar las informaciones. Temen delegar porque, según ellos, el trabajo no se haría igual de bien. Tienden a verse superadas por los detalles y a no ser capaces de analizar la situación con la que en cambio tienen que pasar cuentas con una cierta distancia. Tomar una decisión resultará en la mayor parte de los casos casi imposible.

Sé fuerte

Suele darse en personas que saben arreglárselas por sí solas, que saben identificar por sí mismas la solución. No pueden permitirse equivocarse. Recomiendan la disciplina y el rigor los hace trabajar. No se dejan influir por sus propias emociones ni por los demás, pues lo consideran un gran error.

Date prisa

Es propio de personas que no tienen nunca tiempo. Siempre hay algo que hacer y cuanto mayor sea la presión, más creerán que lo hacen bien. La prisa y los trabajos en el último momento les estimulan muchísimo.

Complace

Suele darse en personas que no encuentran nunca el coraje para decir no. A ellas les gusta sentirse amadas, mimadas y son propensos a satisfacer las demandas que se les dirigen. Se ven obligados por lo tanto a realizar trabajos que no les interesan para nada y que no forman parte de su prioridad.

Esfuérzate

Es el caso de personas que continúan probando. La vida es dura y difícil y cada uno tiene que ser fuerte porque debe luchar y trabajar duro para triunfar; estas personas se preocupan más de la cantidad de trabajo que de los resultados.

Imperativos	Aspectos positivos	Aspectos negativos	Para cambiar de sistema
Sé perfecto	Sentido de la organización.	Perfeccionista a ultranza. Tener problemas para decidir, miedo de dejar escapar un detalle que pueda comprometer el total conocimiento del argumento.	Tiene que saber que no puede conseguir hacer todo y todavía menos al primer intento. Triunfará porque hará hoy errores que le servirán de lección. Acéptelos; sólo de esta forma podrá mejorar.
Sé fuerte *No manifiestes tus emociones*	Tenacidad y resistencia.	Necesidad de trabajar de forma precipitada para sentirse gratificados. Retirarse en el último momento.	Las emociones forman parte de nuestra vitalidad. Las comparten tanto quien las siente como quien las entiende. Representan además el motor de su actividad y de su eficacia.
Date prisa	Rapidez y eficacia. Capacidad desde el principio de frente a lo imprevisto.	Necesidad de trabajar de forma precipitada para sentirse gratificados. Retirarse en el último momento.	Necesita tiempo para decidir usted mismo sus objetivos y cuánto tiempo tendrá que dedicarles, sólo de esta forma podrá optimizar sus recursos, su energía y su eficacia. Tendrá derecho a no someterse a tanta presión.
Complace	Flexibilidad y capacidad de adaptación.	Decir *sí* cuando se piensa lo contrario. No conseguir manifestar claramente las propias intenciones.	Sólo concentrándose sobre sus objetivos tendrá la satisfacción de mejorar. Respételos y hágalos saber a los demás. Aprenda a decir que no.
Esfuérzate *Trabaja duro*	Constancia y tesón.	Creer que si una cosa no es difícil no es importante.	Puede conseguirlo sin destruirse naturalmente. Tenga en cuenta sus ritmos personales y sus necesidades.

Cuidado con la forma en la que formulamos nuestras convicciones

Otro fenómeno de este proceso (convicciones, proceso de pensamiento, comportamiento, sentimientos) es que las convicciones negativas nos llevan a realizar afirmaciones negativas de nosotros mismos.

Estas convicciones negativas sobre la habilidad de ser un buen oyente pueden llevar a la formulación de las siguientes afirmaciones: «no entiendo»; «no consigo estar atento».

Este «autodiscurso» puede reforzar el fracaso. Se trata de un proceso de «sí, pero...» que funciona de la siguiente forma:

— «debería escuchar bien, pero no consigo entender»;
— «debería hacerlo porque me sentiría mejor, pero no consigo estar atento en todas las ocasiones y no recuerdo lo que dice la gente».

Este «sí, pero...» es una forma de no saber cómo comportarse o de moverse en el vacío; se trata de una costumbre que inhibe la eficacia profesional.

Este fenómeno es el reflejo de un círculo vicioso.

CÍRCULO VICIOSO DEL «SÍ, PERO...»

SITUACIÓN
Escuchar una intervención

PENSAMIENTO
«Realmente debería escuchar»

AFIRMACIÓN NEGATIVA
«Sí, pero no lo consigo»

PENSAMIENTO
«Realmente debería»

AFIRMACIÓN NEGATIVA
«Sí, pero no consigo estar atento»

COMPORTAMIENTO FUTURO
No estar atento
o seguir mal las instrucciones;
ser censurable

SENTIMIENTO FUTURO
Conciencia
Frustración
Aumenta el nivel de la tensión
Disminuye la autoestima

Cómo nos declaramos a los demás

Las convicciones sobre nosotros mismos influyen la forma con la que se habla con los demás. Incluso cuando hablamos de nosotros a otro confirmamos cómo nos vemos y nos sentimos. Algunas frases como las siguientes pueden revelar mucho sobre la persona que las dice:

— «no soy bueno trabajando con otras personas»;
— «no me han ascendido tan rápidamente como quería, pero es así y no se puede hacer nada».

Escuchar cómo nos declaramos a los demás puede ser un paso considerable para cambiar viejas costumbres y percepciones de sí mismo. Al no escucharnos vivimos de forma automática y reactiva y no de forma activa y deliberada.

Eliminar las actitudes de autodesafío

Otra barrera del lenguaje a la escucha, que muy a menudo lleva a un comportamiento de autodesafío, es la expresión «yo, siempre».
Primero de todo, la palabra siempre no permite libertad de acción. Lleva a una persona a creer que ese comportamiento particular se produce cada vez, que no sea posible ningún otro comportamiento. Otras palabras con efecto similar son nunca, todo el tiempo y cada vez.
Para muchas personas, la utilización exagerada de la expresión «yo, siempre» interfiere con la toma de iniciativas, con el ser creativos y el realizar y vivir el propio potencial.
Esto desemboca en una forma de mirar el comportamiento en términos generales y no específicos, en un tipo de razonamiento que normalmente ignora el comportamiento positivo y de éxito del individuo.
Estando atentos a la expresión «yo, siempre» autorreferida y sustituyéndola con otros términos específicos, es posible encaminarse hacia un comportamiento más positivo.
Por ejemplo:

— «estoy siempre ansioso cuando quiero hablar en las reuniones» (negativo);
— «algunas veces me pongo ansioso en las reuniones cuando quiero decir algo y no estoy seguro de cómo decirlo. Sería más útil pensar en ello primero tomando nota de lo que quiero decir» (positivo).

La tendencia a clasificar o a colgar etiquetas

Otra dinámica de las barreras del lenguaje es el «colgar etiquetas».
Las personas pueden tener experiencia en el mismo sentimiento, pero dan diversas etiquetas a lo que experimentan. Lo que una persona clasifica como rabia, para otra puede ser ansiedad, dolor, etc.
Escuchar cómo clasificamos nuestros sentimientos es importante para nuestra conciencia.
Algunas veces, nuestros sentimientos pueden ser negativos, como:

— soy estúpido;
— pienso demasiado lentamente para triunfar;
— no hago nunca nada de forma correcta, no lo consigo.

Este tipo de actitudes lleva a comportamientos negativos, ya que son generalizaciones negativas de nuestra forma de sentir.

No debemos dejarnos influir por los comportamientos habituales

Una parte del proceso de socialización que se produce en la época infantil incorpora en nuestra personalidad los comportamientos y las costumbres de nuestros modelos: a menudo los padres u otras personas significativas que viven cerca de nosotros. Los imperativos de nuestro comportamiento son a menudo un modelo de reacción aprendido en familia, donde las personas piden abierta o implícitamente con el silencio que se siga su ejemplo.
A menudo estos ejemplos no son la mejor forma ni la más natural de hacer las cosas y desembocan en la formación de las costumbres, una modalidad aprendida de comportarse y sentir.
Las costumbres son, por lo tanto, un sistema de sentimientos o de acciones resultado de viejas adaptaciones, a menudo desarrollados como reacciones a un estímulo infantil, olvidado desde hace tiempo, que resiste sólo a nivel inconsciente.
Un método para modificar las costumbres consiste en focalizar la atención no sobre lo que otra persona está diciendo o haciendo de forma equivocada, sino más bien sobre cómo está experimentando usted su comportamiento. Cuando se concentra en su reacción hacia el comportamiento ajeno, puede ser más consciente de sus reacciones habituales hacia las personas y hacia las situaciones.

Este tipo de atención incluye la escucha de las palabras que usted y las demás personas utilizan; pueden causar conflicto o mutua colaboración.

Este tipo de focalización puede aumentar su eficacia.

Cuando tenemos éxito en el trato con los demás, nos sentimos confiados y valorizados. De hecho, tendemos a imaginar que los demás, en general, nos vean de forma positiva.

Sin embargo, si tenemos un concepto de nosotros mismos y una autoestima bajos, tenderemos a imaginar que los demás nos ven de forma negativa o con desventaja.

Lo que contrasta con este fenómeno es que, en cualquier caso, no estamos tratando necesariamente de cómo los demás nos ven realmente. Lo que estamos afrontando es nuestra percepción de cómo los demás nos ven.

Para mantener un concepto de sí mismo positivo es importante autoescucharse.

Escuchar activamente cómo utilizamos las afirmaciones internas negativas de refuerzo puede ayudarnos a descubrir qué proceso de pensamiento interno queremos cambiar.

A continuación le proporcionamos algunas prescripciones que le pueden ayudar a tratar esas frases negativas y esos comportamientos que le causan problemas.

1. Considere los errores como oportunidades de aprendizaje.

2. Si no está seguro sobre la mejor forma para resolver un problema, piense en ello antes de resolverlo realmente. Esto le da una visión cognoscitiva del problema (prueba-y-error, tentativas sucesivas).

3. Puede utilizar un lenguaje de soporte o crítico.

Veamos algunos ejemplos en la tabla de la página siguiente.

Cuando las personas utilizan negativamente el refuerzo en lugar de estar motivadas internamente, a menudo sienten que fuerzas externas los guían a comportarse de cierta manera. Las personas que utilizan el refuerzo de soporte sienten que tienen el control de su vida. A menudo esas personas encuentran una razón positiva para completar tareas ingratas.

Su centro focal se encuentra en lo que sería útil hacer y no en lo que está equivocado.

Es importante mirar las cosas que no hacemos bien desde un punto de vista de aprendizaje y mejora. Cuando no hacemos errores, a menudo no tenemos tiempo para valorar nuestro rendimiento.

El lenguaje de apoyo es:	*El lenguaje crítico es:*
• Decir lo que se ha hecho bien (en términos específicos): «He trabajado bien bajo presión».	• Decirse lo que se ha hecho mal (en términos genéricos): «No he hecho nada bien».
• Considerar los puntos de éxito (en términos específicos): «Me gusta la forma en la que he organizado las cosas».	• Regañarse por los errores: «No debería equivocarme, soy estúpido por haber actuado así, hago siempre un mal papel».
• Realizar planes: «La próxima vez realizaré ese proyecto con tiempo y con una programación cuidadosa».	• Hacer planes con las cualidades personales: «De nuevo he hecho un desastre. No seré nunca bastante rápido para acabar este proyecto a tiempo. Soy siempre muy lento».
• Darse ánimos: «He empleado el tiempo necesario», «estoy haciéndolo mucho mejor».	• Ser autocrítico: «Debería hacerlo mejor», «No conseguiré nunca hacerlo mejor».
• Examinar la situación de observador y aceptar lo que se ha hecho. Luego preguntarse: «¿Cómo podría hacerlo para no repetir ese error?», «¿cómo podría hacerlo la próxima vez con mejores resultados?» «¿dónde podría ir para obtener informaciones correctas?».	• Juzgar, criticar rápidamente y etiquetarse a uno mismo negativamente: «Soy realmente estúpido», «No consigo hacer nada bien», «Ojalá pudiera hacerlo mejor, pero no consigo pensar bien cuando me encuentro bajo presión».
• Creer que el refuerzo positivo es útil para la autoestima: «Es importante darme crédito por lo que hago».	• Tener prejuicios sobre el refuerzo positivo: «Si me alabo es porque no tengo modestia. Las alabanzas me ayudan».

Practique utilizando el lenguaje de apoyo hablando en voz alta cuando no haya nadie. De esta forma será más fácil decir cosas positivas de usted mismo a los demás cuando se presenta la ocasión.

Valórese de forma real. A menudo nos planteamos objetivos inalcanzables de perfección. Si se juzga constantemente respecto a objetivos no reales, percibirá la mayor parte de sus esfuerzos como errores.

Plantéese objetivos reales. A menudo los objetivos funcionan como estándares contra los que nos valoramos. Si no son reales o no son razonables, adoptaremos un nivel de valoración irreal. Luego valoramos nuestro rendimiento cuando alcancemos nuestros objetivos.

Sea relativo. Muchas veces estamos insatisfechos con nuestros juicios sobre nosotros mismos porque valoramos nuestras elecciones como si tuviéramos que escoger entre la perfección y otra cosa. Una buena decisión no es una elección entre un bien absoluto y un mal absoluto. La dificultad al juzgar consiste a menudo en el hecho de que los individuos se encuentran en una posición de tener que escoger entre dos cosas correctas en conflicto o dos cosas que son inferiores a lo ideal. Cuando esto sucede, nuestros sentimientos de valor están siempre en constante insatisfacción con nuestros juicios. La insatisfacción es apropiada. Sin embargo, los sentimientos de valor negativo y una generalización de esta insatisfacción pueden llevarnos a una baja autoestima.

En la tabla siguiente encontramos algunas convicciones irracionales que nos impiden afrontar positivamente las situaciones de la vida.

Convicciones irracionales	*Opciones alternativas*
Podría fracasar: sería terrible y no podría soportarlo.	Es verdad, podría fracasar, pero el fracaso no es el peor de los crímenes.
Nunca me ha sucedido antes.	¡Sólo porque no lo haya hecho nunca antes no significa que no pueda empezar a hacerlo ahora!
No debería.	¿Dónde se encuentra la ley universal según la cual no debería hacer los pasos necesarios para alcanzar un resultado determinado?
Tengo que estar seguro.	¿Por qué tengo que conocer hoy las respuestas de mañana, antes de haber dado el primer paso?
No puedo.	No conoceré mi potencial hasta que no lo intente.

CUESTIONARIO DE LOS IMPERATIVOS

Para determinar qué importancia tiene para usted cada pulsión, rellene el cuestionario señalando para cada una de las veinticinco afirmaciones una de las cuatro respuestas posibles: totalmente en desacuerdo, parcialmente en desacuerdo, parcialmente de acuerdo, totalmente de acuerdo.

N.º	Afirmaciones	Totalmente en desacuerdo	Parcialmente en desacuerdo	Parcialmente de acuerdo	Totalmente de acuerdo
1	Independientemente del tipo de relación, deseo fascinar a mi interlocutor				
2	El tono de mis frases es a menudo decidido y lapidario				
3	Dicen de mí que soy orgulloso y altivo				
4	Lo que más cuenta en mi vida es triunfar en mis propios intentos				
5	Tiendo a escucharme cuando hablo y por ello busco términos muy apropiados				
6	No dejo nunca entrever mis sentimientos				
7	Me es difícil marcarme un objetivo				
8	Nunca sé decir que no				
9	No consigo nunca estarme quieto				
10	Creo que mi vida es una sucesión de fracasos				
11	No bromeo casi nunca ni siquiera con los amigos				
12	No consigo estar sin hacer nada				
13	En presencia de desconocidos me comporto de forma distante				
14	No contradigo nunca a mi interlocutor				
15	Tengo muchas dudas sobre mis capacidades reales				
16	Vivo con el temor de no estar a la altura en el trabajo				

N.º	Afirmaciones	Totalmente en desacuerdo	Parcialmente en desacuerdo	Parcialmente de acuerdo	Totalmente de acuerdo
17	Tengo un carácter introvertido				
18	Empiezo siempre muchas cosas al mismo tiempo				
19	Es conveniente aprobar lo que dice el propio superior				
20	Lo más importante es sentirse querido por todos				
21	Nunca río				
22	Tengo una andadura decidida				
23	Me da miedo asumir iniciativas				
24	Tengo problemas de adaptación en un nuevo contexto				
25	Dispongo de una energía impetuosa				

Asigne a cada respuesta la puntuación correspondiente:

Totalmente en desacuerdo   1 punto
Parcialmente en desacuerdo   2 puntos
Parcialmente de acuerdo   3 puntos
Totalmente de acuerdo   4 puntos

Inserte las puntuaciones en la tabla siguiente en correspondencia con los números de las afirmaciones relativas. Sume los puntos obtenidos en cada una de las cinco columnas: a una puntuación elevada le corresponderá la tendencia a privilegiar la pulsión relativa a esa columna.

SÉ PERFECTO		COMPLACE		ESFUÉRZATE		DATE PRISA		SÉ FUERTE	
Afirm.	Puntos	Afirm.	Puntos	Afirm.	Puntos	Afirm.	Puntos	Afirm.	Puntos
22		1		4		12		6	
13		8		10		25		11	
3		14		15		9		17	
2		19		16		7		24	
5		20		23		18		21	
Total									

CUESTIONES IMPORTANTES

• *Escucharse uno mismo para escuchar mejor: es difícil entender a los demás si no aprendemos primero a escucharnos nosotros mismos de forma eficaz.*

• *Conciencia quiere decir no sólo conocimiento de sí mismo sino también sinceridad consigo mismo y con los demás; es necesario para ello un proceso continuo de reconocimiento de la propia especificidad y autenticidad.*

• *Las convicciones, si no son conscientes, pueden constituir un bloqueo a nuestro desarrollo personal y profesional.*

• *Cada uno de nosotros para sentirse bien activa imperativos que ha adquirido con los años durante su formación psicológica; esos imperativos le permiten afrontar las dificultades y los problemas de adaptación al ambiente.*

• *Las convicciones negativas llevan a realizar afirmaciones negativas de uno mismo, provocando un descenso de la autoestima y una falta de confianza en uno mismo.*

• *Escuchar cómo nos declaramos a los demás puede ser un paso considerable para cambiar viejas costumbres y la propia imagen.*

• *Un método para modificar las costumbres consiste en focalizar la atención no sobre lo que otro está diciendo o haciendo de erróneo, sino más bien sobre cómo usted está experimentando su comportamiento. Cuando se concentra en su reacción ante el comportamiento ajeno, puede ser más consciente de sus reacciones habituales a las personas y a las situaciones.*

Escuchar
y comunicar con éxito

En la escucha empática es necesario ser capaz de aflojar las defensas y renunciar además de nuestras certidumbres. Por una parte es necesario sostener la emotividad ajena y por la otra evitar proyectar sobre el otro nuestros sentimientos, miedos o deseos, sean lo que sean.

Así pues, una practica efectiva de la escucha quiere decir:

— saber callarse más a menudo que no hablar para no valorar de forma anticipada lo que el otro dice;
— estimular la comprensión («¿puedes decirme todavía algo respecto a ello?»);
— personalizar y especificar preguntando, cuando se haya instaurado una cierta sintonía, dónde, cuándo, cómo y con quién;
— entender lo que estamos sintiendo efectivamente dentro de nosotros cuando escuchamos.

Por lo tanto, en la escucha empática tenemos que tener presente por lo menos dos aspectos copresentes:

— el de los hechos (qué ha sucedido);
— el de lo vivido (qué he sentido en la situación en la que algo ha estado dicho o non dicho) y el del reverbero (me he sentido como...).

▪ Crear una atmósfera positiva

1. Cree una atmósfera positiva a través del comportamiento no verbal. Cuando está alerta, atento, no distraído y tiene el contacto visual, la otra persona se siente importante y más positiva.

2. Muéstrese interesado ante las necesidades ajenas. Recuerde escuchar con comprensión. Hasta que no haya comprendido las necesidades del otro, su comunicación será ineficaz.

3. Escuche con actitud «tú y yo somos buenos».

a) permita que la persona que habla formule ideas y pensamientos asumiendo maneras o pensamientos que no juzguen o critiquen.
b) No haga muchas preguntas. Recuerde, las preguntas pueden llegar a persuadir a una persona pero por agotamiento.
c) Actúe como un espejo: refleje lo que piensa que el otro está sintiendo.
d) Puesto que en el diálogo aparecen los sentimientos de las personas, no utilice frases del tipo:

— olvídalos y no te preocupes de ellos;
— pero eso no es malo;
— mañana te sentirás mejor;

Esas frases harán que su interlocutor se sienta mucho peor.

4. No deje que el otro le «engañe» emotivamente. Esto puede suceder cuando se enfada, se ofende o se siente muy afectado, cuando se deja implicar en un argumento, salta a las conclusiones o juzga al otro.

5. Otras formas que indican que está escuchando.
Anime con reconocimientos no comprometedores, breves expresiones como:

— sí, sí;
— interesante;
— exactamente así.

Reconocimientos no verbales:

— movimientos de la cabeza;
— expresiones faciales (que tenga que ver con lo que el que habla está diciendo);
— expresiones del cuerpo o movimientos abiertos y relajados;
— contacto visual;
— contacto general.

Abrir con las palabras. Invitar a hablar:

— dime;
— me gustaría saber qué estás pensando;
— ¿te apetece hablar de ello?;
— podemos discutirlo;
— parece que tú tienes ideas o sentimientos sobre esto;
— estoy interesado en lo que tienes que decir.

6. Reglas principales:

— no interrumpir;
— no llevar el discurso en otra dirección;
— no distraerse;
— no interrogar;
— no predicar;
— no dar consejos; darlos sólo si nos los solicitan;
— reflexionar sobre el interlocutor, sobre lo que observa y sobre cómo piensa que se siente.

Las actitudes del que escucha

Es interesante comparar dos estilos de relación puesto que la actitud del que habla tiene un efecto fuerte sobre las motivaciones del oyente.

Un comportamiento centrado en los demás de tipo empático necesita que se le equilibre con una atención igual y una estima de sí mismo, porque de otra forma damos la imagen de ser personas sumisas o inhibidas.

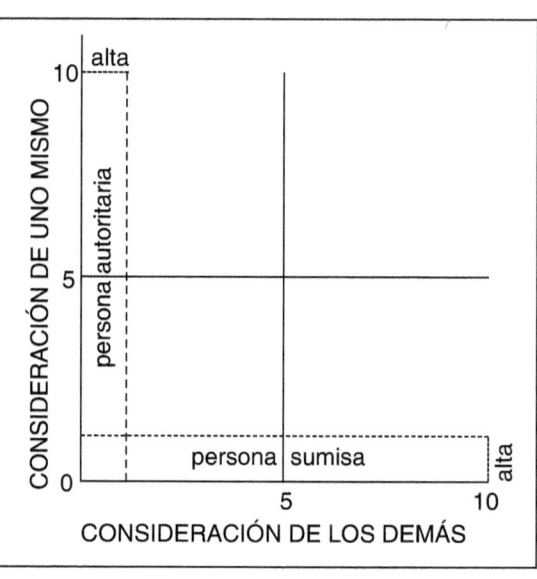

DIFERENCIA DE LOS DOS ESTILOS	
Inculpante	*Empático*
• Posición dominante (rigidez, desaprobación, etc.)	• Postura serena (abierta, relajada, etcétera)
• Escucha intermitente o pasiva	• Nivel de escucha empática
• Condenatorio	• Descriptivo
• Inconsciente	• Consciente
• Superioridad	• Igualitario
• Replicante	• Elaborar lo que se ha dicho y controlar la comprensión
• Obstinado, testarudo	• Concentrado
• Controlador	• Espontáneo
• Orientado hacia el control	• Orientado a resolver el problema
• Yo soy bueno, pero no estoy seguro de que tú también lo seas	• Tú y yo somos buenos

Por el contrario, damos la impresión de ser personas autoritarias o dominantes si nos consideramos sólo a nosotros mismos y si utilizamos un estilo inculpante en la escucha del otro. Ya hemos dicho que en una comunicación interpersonal, asumir una actitud «tú y yo somos buenos» permite permanecer anclados en los hechos y favorece el sentido de responsabilidad en los dos interlocutores. Naturalmente, la máxima eficacia de escucha se obtiene cuando las dos partes se abren a lo que piensan y sienten.

Una forma de ilustrar el proceso de intercambio de información es el que toma el nombre de *Johari Window* («la ventana de Johari», un neologismo que deriva del nombre de los dos autores, Joseph Luft y Harry Ingham). La ventana está dividida en cuatro zonas (véase el esquema de la página siguiente). Las informaciones que contienen las cuatro zonas son dinámicas y pueden pasar de una zona a la otra al variar del tipo de relación interpersonal que se instaura entre las personas. Si aumenta el nivel de confianza gracias a la apertura personal y al correcto uso de la comunicación, entonces la amplitud de las zonas en el interior de la ventana será distinta.

La ventana de Johari		
	comunicación solicitada →	
comunicación dada ↓	lo que conozco y lo que los demás conocen de mí *comunicación abierta* **1**	lo que desconozco y lo que los demás conocen de mí **2** *comunicación ciega*
	3 lo que conozco y lo que los demás desconocen de mí *comunicación privada*	**4** lo que desconozco y lo que los demás desconocen de mí *área desconocida (profundo)*

La comunicación tiene que ser equilibrada: si se ofrece más información de la que se está dispuesto a recibir o si se es muy proclive a escuchar pero poco a explicar, se pueden suscitar reacciones negativas, que empeoran la escucha activa y de la comunicación.

La forma considerada ideal para un buen sistema de escucha es la que se ilustra a la derecha. Una persona que se relaciona de esta manera hace aumentar el nivel de confianza en relación con ella porque comunica de forma abierta, está dispuesta a escuchar el efecto retroactivo que los demás quieran ofrecer, sin reaccionar, al contrario, buscando aclaraciones y asentimientos.

Por el contrario, se considerará desconfiada la persona que posee un sistema de comunicación con la distribución de espacios en el interior de la ventana ilustrada a la derecha porque se abre y «pide» poco.

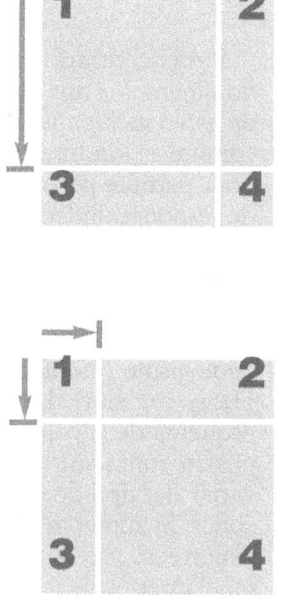

La persona que ofrece mucha información pero no le gusta recibir demasiada (véase longitud de las flechas en el dibujo de la derecha) escucha poco y está siempre a punto para reaccionar ante cualquier intento de instaurar un sistema de comunicación a dos vías.

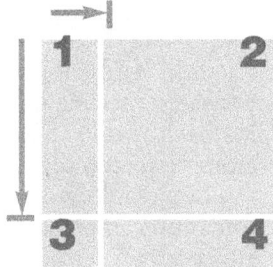

Al contrario, quien ofrece poco pero pide mucho, podrá representarse como en el dibujo de la derecha.
Esta persona se relaciona con las demás haciendo muchas preguntas pero dando, a su vez, pocas respuestas. Difícilmente se implica en una discusión antes de conocer el pensamiento de los demás, causando a menudo irritación y reacciones negativas.

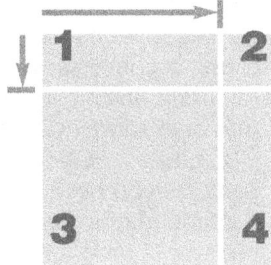

Así se desarrolla una relación interpersonal gracias a una escucha de carácter activo.

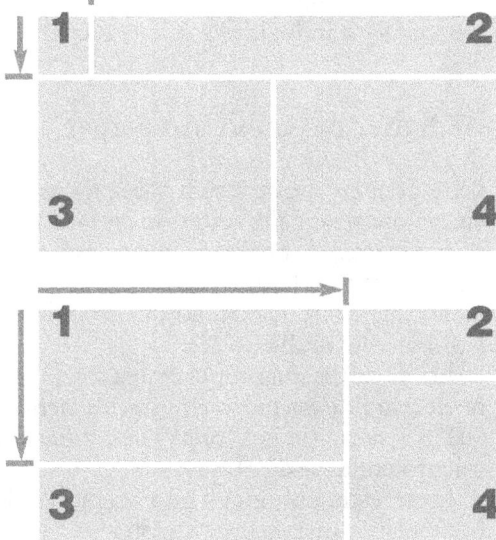

El inicio de la interacción en una relación que se acaba de constituir

Posible resultado de una relación interpersonal abierta

Las suposiciones no dan credibilidad

Cuando hablamos con los demás, es importante mantener el propio pensamiento lineal. Las impresiones personales no son lo mismo que los hechos o los acontecimientos reales que han pasado. Las suposiciones parecen tener la misma credibilidad de los hechos.

Por ejemplo, una persona podría decir: «No veo ninguna razón para tomar una empresa externa para la administración del personal. Sus precios podrían ser desproporcionados y aunque hicieran un buen trabajo no creo que valiera la pena». Este ejemplo es una opinión expresada en términos generales, basada en una hipótesis que no se ha aclarado. Cuando se habla de esta forma, la persona que escucha siente a menudo las ganas de formular una réplica mental y a menudo lo hace. De esta forma la conversación ya no es una discusión sobre los pros y los contra de tomar una empresa externa para la administración del personal, sino más bien sobre quién tiene razón.

Cuando una persona expresa opiniones sin preocuparse de acompañarlas con hechos que las apoyen, el oyente empieza a dar por descontado lo que dice la persona. Aunque adquirir hechos pueda suponer mejorar la propia credibilidad, parece que llevar hechos sea un tiempo perdido y que no haga falta.

Ser una persona que hace preguntas que estimulan el pensamiento, que define los términos, que explora las alternativas y que suspende el juicio hasta que no existen hechos le llevará a la larga a influir en las personas y a inducirlas a que le escuchen.

Saber describir sin juzgar

Otra área en la que quien habla tiene que escuchar a los demás es en situaciones de valoración de las prestaciones, de trabajo, de hechos disciplinares, de crítica o de expresiones de sentimientos negativos.

La forma en la que una persona se enfrenta a un comportamiento ajeno que causa dificultad puede influir en el oyente de forma desfavorable o favorable.

Los factores más importantes son la actitud de la persona que habla, la elección de las palabras y los elementos no verbales del mensaje.

Una forma de gestionar tales situaciones es describir el comportamiento en lugar de etiquetarlo.

En nuestra cultura es más aceptable decir lo que hace una persona que decir lo que es una persona.

EJERCICIO

El siguiente ejercicio le ayudará a afinar su habilidad para identificar la diferencia entre una alabanza y una actitud positiva que no juzga. Lea cada frase y decida si es:

— alabanza (A);
— actitud positiva (P).

	Alabanza	Actitud positiva
1. «Eres el mejor trabajador que tengo»		
2. «Has escrito el proyecto rápidamente y exhaustivamente»		
3. «Buen trabajo»		
4. «Gracias por haber acabado el trabajo a tiempo. Esto hace más fácil al resto del grupo acabar el suyo»		
5. «Eres un buen trabajador»		
6. «Me gusta la forma con la que has tratado a ese cliente difícil sin enfadarte»		
7. «Eres una persona amable y respetuosa»		
8. «Encuentro tu capacidad de resumir lo que se ha		

Respuestas

| 1A | 3A | 5A | 7A |
| 2P | 4P | 6P | 8P |

CUESTIONES IMPORTANTES

- *Para escuchar y comunicar con éxito es necesario ser capaz de aflojar las defensas y renunciar a parte de nuestras certezas.*

- *La máxima eficacia en la comunicación se obtiene cuando las dos partes se abren a lo que piensan y sienten y son capaces de dar y recibir un efecto retroactivo.*

- *Expresarse a través de suposiciones no aporta credibilidad; tenemos que aprender a describir de forma explícita lo que queremos decir, sin utilizar términos genéricos o hipótesis no aclaradas.*

- *En nuestra cultura es más aceptable decir lo que hace una persona en lugar de decir lo que es una persona, describir el comportamiento en lugar de etiquetarlo.*

- *Muchas personas perciben la alabanza como una amenaza porque implica un juicio y, por lo tanto, una posición de inferioridad. La mejor respuesta al trabajo bien hecho es, por lo tanto, un actitud positiva y que no juzgue.*

www.ingramcontent.com/pod-product-compliance
Lightning Source LLC
Chambersburg PA
CBHW071955100426
42738CB00043B/3028